寶寶學英語

的秘訣，跟你想的不一樣

用對方法，啟發天賦！

廖和信——著

決定寶寶學好英語，
是父母還是老師？
根據兒童教育發展理論，
最符合腦科學的英語學習秘訣！

推薦序（一）：真正了解孩子潛能的學習方式

　　今年過年，我回去探望好久不見的三叔三嬸和我的堂弟堂妹們。我和堂弟堂妹們小時候一起長大，先前已有10年沒見，如今他們都有孩子了。過年時剛好遇見堂弟的兩個孩子，一個七歲，一個五歲，都是男孩。看到可愛的姪子，我當然一見面就忍不住要跟他們玩，聊天。兩位小朋友也馬上感受到我的友善，所以我們馬上建立連結了。小孩就是：只要能玩都是迫不及待的。他們開始把整箱玩具搬過來，一個個介紹，很快我們就玩開了。嬸嬸在一旁笑看著，便說「Michelle，你都在教孩子英文，要不要也教他們一些？他們兩個都還沒有去學過……」（意思應該是說還沒補習）。

　　聽到嬸嬸的要求，我馬上切換成英語跟兩位孩子溝通，兩位姪子咭咭呱呱拿著玩具一直跟我聊，我就用英語反饋他們。七歲的大姪子覺得情況有點不一樣了，所以他變的較安靜警覺，但也沒破壞他的的興致。而五歲的小姪子，根本不在乎！只要有人陪，有回應，不論什麼語言都可以。一會兒之後，我知道我可以當「帶頭老大」，「教」他們一些東西了（家長總是希望看到小孩在「學習」）所以我伸手拿起一個塑膠圈圈，再拿起一個小機器人，示範把塑膠圈圈把機器人套住，他們馬上就迫不及待要玩了！一個簡單的套圈圈遊戲，從發圈圈，找各式各樣的玩具來套，計分，輪流方式，加分方式，我都用英語比手畫腳給他們看，他們也就在我的動作，回應，表情下玩到不亦樂乎，英語對他們來說一點都不違和，任何語言都一樣。只要能玩樂開心就好了。孩子的目標很明確，他們只是要玩，也只知道自己在玩，根本不知道你在為他們播一顆語言的種子。

　　其實這樣的例子在我的教學經驗中舉例不完。對於語言學習，我的經驗是：一個幼兒或一個嬰幼兒，在還沒被教導語言應該怎麼學之前，他對語言是「全盤接收」的，他有能力把英語（或任何語言）的聽說部分掌握得非常好，只要我們給他一個沈浸的環境去吸收、習得。

　　對一個幼兒或嬰幼兒來說，更貼切的說法是，他們自然就「得到」了，而不是學到。我自己也不是在教，而是在餵。他們就是這麼的好消化，易吸收。

　　但若是孩子大一點了，很多頭腦既定的想法就會開始阻礙他，讓他不再那麼的好消化，吸收一個語言了。

　　在這本書中，我與廖老師對於語言學習的理念不謀而合，在這本書中他說的非常詳細，淺而易懂，他會讓你先了解較正確的英語學習方式（雖然你不一定要同意），他也提供了許多方法，幫助身為父母的人如何在家正確教導孩子英語。我與廖老師的看法來自於切身的經驗，（我們個人的英語學習過程，跟開始需要教孩子英語之後的體悟）。我們也知道要孩子能開口說英語，還要靠父母跟家庭的支持。若是父母能大膽地開口，真正的使用英語，不怕錯，不怕被糾正，不怕講不好，不怕人家說，不怕……，拋開自己曾經在語言學習所留下來的種種包袱，那麼這對孩子來說將是一份天大的禮物，他會從小就把英語當成他日常生活中的一部分，一點都不違和。

　　真正了解孩子潛能的人，會在他們學習吸收能力最強時給予最好的引導。期望每位讀者在閱讀這本書後都有所收穫！

Michelle 老師 / Michelle 老師的英語故事天堂負責人

推薦序（二）：啟發父母學習語言的正確觀念

很多家長都會懷疑，自己英文都不好了，為什麼還要教自己小孩英文？這樣不是得到反效果嗎？

但是，我從小在台灣自學英文長大，我清楚知道，**父母對於學習語言的觀念正確，小孩才有機會用正確、正向的態度看待「學習」這件事情**，也就是說，姑且不論小孩到底從我們身上學到多少「實質」的英文能力，但我們能夠給予他們最珍貴的經驗是：

幫他們定義：英文是生活的語言，學習由生活出發。

陪伴自己小孩長大的過程中，真心體會到，六歲以前的小小孩對於這個世界的「好奇心」、願意花腦筋「猜」的這種本能真的好珍貴。這個時期，他們沒有挑惕的把所看到的、所聽到的通通記起來，把五感能量放到最大去享受這世界的一切，想想看，若在這個時期用正確的方式把英文放在他們的生活中，是一件多麼美好的事！

「和小孩一起享受學英文的過程」這句話看起來似乎很難，但是說真的，掌握好各種學習管道，加上對小孩多一點耐心、體諒的心，其實實際執行起來是不難的！

最後，我想要鼓勵那些覺得自己英文不好、不敢開口的家長，我知道要向別人開口說英文很難、當個英文教育者更是看似不可能。但是，相信看完這本書後，你會對於「教自己小孩英文」有完全不同的啟發！

Catherine老師

英語學習推廣家 / C's English Corner

推薦序（三）：回歸最自然與親切的母語學習方式

　　非常榮幸能看到有關寶寶英語學習的書籍出版，廖執行長的教育發想和我經營了十多年的閱讀教室理念不謀而合，對於父母來說更是一本最佳深入淺出的解惑書。孩子的語言學習潛力確實是一股驚人的力量，**透過本書的闡釋，許多窒礙難行的想法，便能有豁然開朗的解套方式**：母語學習搭配文化賦予的幽默，透過生動的日常對話加上親師互動，便是奠定語言學習的基礎模式。

　　而在2018年獲得美國多項獎的PadKaKa正是在這樣的目標和方向下所研發。精巧的卡片設計，讓孩子滿足了視覺創意，緊接著運用手部肌肉掃描閃卡進入動畫的聽覺饗宴；而卡通故事的鋪陳則洗鍊了孩子內心童真的愉悅，也活化了一同觀賞的大朋友既定生活之想像，進而內化至人格特質上的幽默感；遊戲和錄音模式以及測驗的設計更增添了趣味和挑戰性，加以學習過程中師長的陪伴和練習，讓科技有了人性溫度。寶寶小小心靈的學習旅程不孤單，自然能提升親子與親師間的情感交流與訊息傳遞的效率和表達能力。

　　語言學習總有許多的學術理論和教學技巧，其中牽涉了幼兒身理與心靈的發展情況，以及家庭觀念和教養方式各種因素。每一種引領能力的學習法皆有一定特色和功能，必得在特定學習時機才能發揮其最大功效。**此書的問世，讓許多看似複雜的英語學習面向，回歸最自然與親切的母語情況，對於人類天賦本能的語言習得過程中「猜」的領悟能力給予高度肯定。**媽媽、爸爸、阿嬤、阿公們放輕鬆，我們是怎麼學會聽懂華語甚而方言，之後開口說話，寶寶就是怎麼學會說英語喔！

吳佳美Camilla

卡密拉兒童文學創辦人／知新實驗美語總策劃暨執行教師長

推薦序（四）：錯誤的學習方式，贏在起跑線，卻輸在終點

我曾看到一篇文章「為何亞洲學生贏在起跑線，歐美贏在終點線？」談到一個令人省思的觀點：「贏在起跑點，也許就是輸在終點原因」。我們揠苗助長讓學生快速記憶知識，為的是在考試上贏在起點，結果卻無法培養出主動學習、探究思考等創造力思維；而且據調查我們孩子學習疲勞很嚴重，影響到學習，最後反而輸在終點。

許多父母讓孩子以為學東西一定要背誦，但這過程中無法體會到學習是快樂的。也許父母自覺很有成就，但對孩子來說，是用終生學習興趣換取父母當下的愉悅，這是損失慘重的交易！三到六歲是孩子對學習有很大好奇的階段，如果能持續好奇，就能誘發孩子透過自動學習並得到自信，才能建立孩子未來最需要的自發和主動學習能力。

我看到廖老師這本書時真的很開心，書中提到學英語方法就是回歸最自然的學習方式；如歐美學習外語一樣，是順著孩子語言敏感力，引發孩子好奇主動學習，也能真正建立語言溝通的能力。語言本是生活運用工具，學習語言是很單純的事，在台灣卻成了考試導向，求快速記憶，用翻譯學習法教孩子，為了考試，跳級式趕快學認字寫字，結果我們就培養出學十多年的英語啞巴。

孔子這句話我很喜歡：「知之者不如好之者，好之者不如樂之者。」意思是「知道學習不如喜歡學習，喜歡學習不如以學習為快樂」。如果你希望孩子是以正確的方法學英語，以學習為快樂，這本書是你應該要好好閱讀與運用的好書。

林美慧　幼兒教育專家／兩岸親子未來學創辦人，曉曜教育科技董事長，《愛不NG親子漫養智慧》、《AI時代慢養的勇氣》暢銷書作者，指導過16家幼兒連鎖機構超過1500所幼兒園，輔導2000位以上幼兒園長。

　　台灣孩子英文學不好，很大的原因是大人們把英文當做學科：公式化、複雜化、考試化。其實學習語言只需要一個「生活化」：聽、說、讀、寫、唱。「只要孩子有興趣，學什麼都快！」是作者廖老師做為一個爸爸，多年來努力於自家孩子學習英文歷程的心得與智慧，也與我多年教學的理念相同。真心推薦給正在為孩子學英文傷腦筋的父母們，讓自己的孩子學英文不再是難事！

Jennifer

捷英英語教務主任 / 英語老師

　　從事幼兒教育二十多年，接觸廖和信老師的緣由，是他為自己孩子研發的一套「PadKaKa 幼兒單字動畫卡」，會談後發現彼此對於幼兒教育稟持相同的理念，生活化的學習生動孩子們的興趣，尤其是語言學習更需要在自然互動的環境中取得，大人須尊重孩子原本最自然的語言天份，這是一本值得台灣父母閱讀的好書與你一起分享。

顏如雪

台中市大樹蒙特梭利幼兒園創辦人

桃園市私立幼幼家幼兒園園長

　　幼兒的語言學習，要透過真實的情境，讓孩子們去體驗，重在口語表達溝通上，孩子們才會印象深刻，而不是拿著課本，閱讀指認單字句型，這些機械式的操作，對幼兒學習英語的幫助不大！我真心推薦本書，為了孩子，非常值得父母好好一讀。

梁靜宜

苗栗縣後龍非營利幼兒園園長 / 前維多利亞幼兒園英語教學組長

在我的英文教學十多年當中，藉著自然的情境教學，和小孩互動自然而然學會英文的聽、說並讓讀、寫變得很輕鬆，學生們後來的聽說表現也比一般文法教學的學生來得出色。翻轉教育由我們父母開始，希望擺脫我們舊式的英文文法教育，很高興看到廖老師出版這本書，超級推薦這本書給家長們！

魏念屏

Brenda 魏氏美語英文主任 / 美國東密西根州立大學碩士

從事英語教學十多年，不斷反覆思考台灣學子從小學英文、英文程度卻不佳，到底出了什麼差錯？直到當了媽媽，一路觀察自己小孩學習母語的經驗，這才恍然大悟……孩子學英語，應以「聽、說」方式讓孩子自然地把英文當作母語學習。真心推薦家長此書，讓你的寶寶以正確方式開心學英語。

鄭依婷 Amelia

幼兒園英文老師 / 英文繪本老師 / 一對一家教

從事美語教學工作20餘年，看到很多父母只重視考試而扼殺孩子學習英語的興趣。啟發孩子的興趣才是重點，有了興趣則水到渠成，誠心推薦每位家長好好閱讀這本難得的好書。

林芳如 Lina 老師

名人補習班及幼兒園教學顧問 / ILTEA劍橋兒少英檢口試官

母語學習法是一種最自然的學習方式，讓寶寶從小就能開口說英語，就像母語人士一樣。創造出「學英語就像學國語一樣簡單」的氛圍！

簡若恩

Ann英語老師 / 安老師英文家教班

從事英語教學十多年，包括全美語幼兒園，深深知道寶寶學好英語除了好老師之外，爸媽有無正確觀念是重要關鍵。孩子從小用對方法學英語，幼苗好，小苗好教，中苗就沒問題。我真心推薦家長們好好閱讀本書，本書一定能帶給家長新觀念，從頭了解，掌握小孩也更了解怎麼學英文。

楊孟千

Amber 英語老師 / 一對一家教

看完廖老師的書，很慶幸家中小孩有把握「黃金語言學習時期」，學習方式也跟書中所寫不謀而合。這本書真心推薦給希望孩子用正確學習方式學英文的家長們！

王淑玲Jessie

家教班美語老師 / 曾任教於何嘉仁、長頸鹿、吉的堡 美語老師

我非常同意廖老師書上說的「孩子的未來不是掌握在學校，而是掌握在父母手上」。一開始正確學習方式的建立，這在英語學習的路上更是助力。極力推薦給想用母語學習法的家長們！

王淑玫 Janice

家教班美語老師 / 曾任教於何嘉仁、長頸鹿、小哈佛、

奧斯福爾、三之三美語老師

　　我很開心能閱讀本書，經多次反覆閱讀後，才放心地寫出推薦。自己也是在英文教學領域耕耘十多年，常常遇到許多對孩子學習『躁進』的家長，因此常需花時間與家長溝通。本書所點出許多家長根深柢固的錯誤觀念，件件應證了自己對幼兒英文學習的共鳴，是一本我很推薦給家長和從事相關英語教學者的好書。

　　　　　　　　　　　　　　　　　　　　　　　　　　　朱欣怡Vita

　　　　　　　　　　　　　　　　　　　　知名連鎖美語幼兒、兒童教學講師

　　在一個偶然的機緣下認識PadKaKa英語動畫學習卡發明人廖老師，他為了孩子研發顛覆傳統根深蒂固以書寫及考試為目標的英語教材，真的讓人眼睛為之一亮。如同書上所說，對的英語學習方式，能塑造孩子（1）自主學習能力，（2）專注力，（3）思考力，（4）模仿力，（5）想像力，以及（6）理解力等不勝枚舉的好處。相信這一本書和PadKaKa一定能帶給家長和孩子們一份驚喜和感動！

　　　　　　　　　　　　　　　　　　　　　　　　　　　蔡瑩瑩英語老師

　　　　　　　曾任華美美語補習班主任／台中市永安、大德國小等多所英語社團指導老師

　　在這追求速成的世代，我們常常忘了去感受過程中的美好，語言學習在台灣的現象更是如此，造成了許多台灣人學了英語十多年，卻無法像來台灣的外國人一樣，只學兩三年卻能說出一口流利中文。其實探究起來，是我們打從一開始就選錯了學習方法。本書中有詳列母語學習法的正確觀念，以及在家也能營造出學習環境的簡單方法。把握幼兒的語言黃金學習時間，不用出國也能培養出小小語言天才哦！

　　　　　　　　　　　　　　　　　　　　　　　　　　　賴娟秀 Lydia

　　　　　　　　小熊廚房實驗室執行長／幼兒美語啟蒙／國中小及英檢老師

在英語教學現場多年的經驗，我看到了不少家長的心中是充滿焦慮的，他們即使不希望孩子用傳統的方式學習英文，卻仍舊擺脫不了以成績決定英語學習成果的迷思。這幾年來，我們之所以堅持為幼兒說英文故事、舉辦親子英文故事活動並推動英文繪本教學，也是希望能讓更多家長跟我們一樣看見學習一種語言的美好以及可以擁有的學習喜悅。如同作者所強調的，改變孩子，從改變父母開始；孩子的未來不是掌握在學校，而是掌握在父母手中。期待這本書能成為家長的祝福。

林清雲Casey Lin
資深兒童英語教學工作者

孩子在遊戲中學習探索時專注力最高，此時學習效果，啟發智能也最高。書中強調英語學習也該是有趣的情境，順著孩子的天賦，讓孩子一邊玩一邊在探索中自然學習。出於好奇心，我也以腦波儀器測試孩子使用PadKaKa（作者的英語教材發明）的專注力，結果專注力明顯提升。廖老師是一位傑出的觀念實踐者，本書不是空談理論，而是回歸那最簡單的自然：順著孩子的天賦！自然學習，並潛移默化深植腦海！

奧莉薇老師推薦
123手創館創辦人 / 兒童專注力專家

如果爸媽們想讓孩子開心學英語，孩子長大後能輕易以英語溝通，你絕對不能錯過這本書。幼兒時期是否能以正確方式學英語，最重要的關鍵就是爸媽而不是老師，因為是爸媽決定寶寶接受哪一種學習方式。真心推薦本書，讓你為寶寶挑選到好的老師，營造正確的英語學習環境。

親子部落客：兔子洞裡的愛麗絲

　　台灣英語教育一直以來普遍用錯方式學習，為了自己的孩子，我與先生決定開設高品質的幼兒學校，其中一個目標就是：讓每個孩子日後都能輕鬆以英語溝通。20年的經驗告訴我，只要用對方法其實就很簡單，如果你想知道這些秘訣，真心推薦好好看這本書，作者跟我有一樣的開創的想法與作法！

張瓊芳 Joanne

USTAR Academy 優時代美語教學機構／校區督導

曾在知名連鎖全美語教學機構擔任校務長

聯合推薦

葉春秀 Jennie美語老師 / Live ABC

李佳菁 Donna Lee美語教學組組長 / 長頸鹿美語麻豆分校

黃尤美 Angie 英語老師，負責人 / 私立奧斯卡美語補習班

林素華 Suhua Lin英語老師，班主任 / 新北市新莊區安可語文Encore

莊詠晴 Maggie 英語老師

Lillian 英語老師

陳素蘭 Susie英語老師 / 美樂蒂幼兒園

佘宇弘 Kevin英語老師 / 皇家菁英美語，新莊寶禾文理補習班，尖山國中

劉世娟 Kate 英語教學師訓講師 / 卡樂出版社總編輯

何凱瑞 Kerry Ho 英語老師

白嘉惠 Jessica Pai 英語老師

Petty 英語老師 / 補習班

羅予姍 Monica 英語老師 / 台灣兒美協會講師，幼兒園，國小美語社團，補習班

周映廷 Tina 英語老師 / 和智幼兒園，幼兒英文自組班，專職家教，雪梨大學語
　　　言學碩士

黃筱雯 Doris 英語老師 / 學校，家教，全民英檢老師

張立嫻 LiSian 英語老師 / 空中美語

楊心如 Mina 英語老師 / 中冠幼兒園，太陽教育集團，芝麻街

Madeline Hsueh，Evelyn Chen，Sharon Zhang 三位英語老師 / 知新實驗美語&
　　　卡密拉兒童文學

許靜怡 Jing美語老師 / 繪本故事、中山親子館美語故事、師訓老師。曾任教於
　　　奧克蘭BeforeSix Early Education Center、台灣何嘉仁、陽光森林等學校。

自序：學英語是為了溝通，而非考試

寫這本書，不知道是人生的意外，還是老天的安排？

在學生時代，英文始終是讓我很心酸的科目，學英文對我來說，就是種折磨，因為我的記憶力很差，總是背了就忘，忘了再背，記不起來的滋味真的是「酸」的味道。

學英文十多年，都是為了考試，雖然我托福文法接近滿分，但我仍是個英語啞巴。即便辛酸，我仍然想學好英文，因為**我一直有個夢想，有一天我能用英語交談**。當時我一直以為我無法以英語交談，是因為我記憶力差，後來我才知道，無法用英語交談，是我們錯得離譜的英語教育所造成的。

大學畢業後出國留學，我首度不是為了考試而學英語，雖然我對此感到不安，但也很興奮，當時以為只要到了美國，我自然會開口說英語。但在美國四年的期間，說英語這件事是我在美國生活最需要克服以及最大的壓力之一，雖然學了十多年的英文，但每個美國三歲孩子都比我還會說。

跟大多數台灣留學生一樣，因為過去錯誤的英文學習，每當講英語時，腦子都是先想中文，再翻譯成英文，如此一來，腦筋打結，舌頭不打結才怪。我花了好幾年的時間，嘗試了許多方法，包括常常自言自語，最終才能以英語直接思考，這讓我第一次感覺我跟英語是親近的。

讓我投入英語學習這個領域，是因為我的孩子。我不希望我的孩子繼續接受錯誤的英語教育，而希望他能自然的學英語，能使用英語溝通。我試過許多英文教材，但我發現有一樣東西讓小孩特別喜歡，雖然不像教材，但對於學習英語非常有效，就是孩子喜歡的卡通（沒有中文配音的英語卡通）。最奇怪的是，孩子在看英語卡通時，我以為他會問東問西的，但他幾乎都不會問，我原以為他就只是愛看卡通人物而已，沒想到就這樣看啊看，不用人教，我小孩自己就聽懂許多的英語，甚至會說上幾句。

就在一次孩子看卡通時，我忽然有個靈感，小孩子既然也喜歡卡片，那為什

麼不將「卡通」與「卡片」結合呢？透過單字卡通，先奠定孩子基本英語基礎，接著看英語卡通，學習肯定更快。我先製作初步模型，測試一些孩子，發現真的很有效。因此後來花了五年時間開發了全世界第一套英文單字動畫卡：PadKaKa（Pad+Cartoon+Card），專門設計給幼兒英語啟蒙教育的教材。

在開發PadKaKa時，我與許多英文專家及幼兒教育專家討論，也檢視了許多國外對於幼兒學習外語的研究，發現在歐、美，學習外語一開始就是為了「聽、說」，而我們卻是重「讀、寫」的錯誤方式，這是為何歐、美人士常常都能說許多語言。我印象最深刻的就是摩門教傳教士，他們來台灣半年，就可以用不錯的中文與我們交談。

我跟許多父母聊過，一開始我以為只要告訴父母正確的觀念就好了，後來我發現，完全不是這麼回事，問題不在於父母不接受正確的觀念，而是大多數人很難拋棄過去的舊觀念！譬如很多父母就讓7、8歲孩子去考英檢，很在意考試成績，這時孩子只會將英文跟痛苦連結在一起。由於父母在意成績，使得補習班的英文招生以考試為導向。學英語不該是讓他們能夠聽到有趣的故事，看有趣的卡通，唱好玩的歌，玩更多有趣的遊戲嗎？

我也與許多幼兒英語老師討論過，其實他們大都贊同正確的方式，但有的是因為學校不支持，使用偏重讀寫的教材，或是爸媽觀念錯誤而質疑老師的教學方法，因此大家只能將錯就錯。

「要繼續這樣錯下去嗎？」這個聲音一直在我腦中盤旋著。

如何才能導正這種錯誤呢？一句幼教名言說得一針見血：「改變從父母開始，父母改變，孩子才能改變」，因此我著手整理英語啟蒙教育的觀念，包括正確的觀念是什麼？為何對孩子那麼重要？能帶來什麼好處？同時我也說明錯誤的方法有多麼糟糕。

書中其中一章節會提到為我孩子發明的動畫卡PadKaKa，我自己很清楚知道這對幼兒英語啟蒙是個很棒的教材之一，因此我還是決定放在書中，並且附有試

用卡讓你試試看。但如果你有一絲絲覺得我寫這本書的動機不單純，就請你就跳過介紹動畫卡那一章節吧。

看完此書之後，如果你想找到相同理念的幼教英語老師，書中有附一網址，上面列出理念相同的英語老師，也歡迎理念相同的英語老師申請列入，這網頁完全是公益性質。

要翻轉台灣英語教育，靠正統教育遙遙無期，

就由父母的正確選擇開始，才能讓教法正確的老師越來越多！

非常謝謝在寫書過程中有許多英語老師給我許多指導，這讓我非常感動與感激，我雖然不是一位英語老師，但他們絲毫不覺得我撈過界，並願意大力推薦這本書，他們的氣度正代表為何他們才是專業、有理想、有熱誠的老師。在這也謝謝我老婆：高素寬藝術家幫我畫插畫，為本書添加趣味。

最後我要分享一句話：

「推動世界更美好的最大動力，就是為人父母的心！」

因為這句話，讓我想推動這個理念，很開心你願意閱讀此書，加入翻轉台灣英語教育的一份子，改變就從你開始，讓我們的孩子開心學英語。

最後如果你因為此書而有所收穫，請你在你喜歡的親子臉書社團分享你的感想，這樣台灣的英語教育才能改變。如果你對本書有任何意見，或是建議的想法，包括疑問，很歡迎你寫信告訴我，我的Email: miles@padkaka.com。另外也歡迎你造訪 "medium.com/padkaka-凡凡爸" 閱讀相關文章。

前言：用錯方法學英語，就像拿著粗繩子放風箏，風箏是飛不起來的！

改變孩子，從改變父母開始。父母改變，孩子才能改變。
孩子的未來不是掌握在學校，而是掌握在父母手中。

這是兩句幼教名言，其實要提醒父母一件事：**不是把孩子丟給學校就好！**
尤其是孩子越小，父母越是重要。
恭喜你，你會翻開這本書，就代表你知道父母的角色有多麼重要，相信你的孩子會因為你而成為更開心，更幸福的孩子。

幼兒即開始學習英語絕對正確，但為什麼大部分孩子還是學得很不好？
每一位寶寶都是語言天才，他們都是可以飛上天的風箏！
因為使用錯誤的英語教學方式，就如同拿著粗繩子放風箏，風箏是飛不起來的。

首先問自己一個問題：
你希望你孩子會對英語**產生興趣**，也能自然**開口說英語**？還是很會**背單字，熟悉文法，會考試**？
如果你希望的只是後者，很會考試就好，那麼這本書不是為你而寫。

學語言，若不會說，有多荒謬呢？
就好像孩子學唱歌一樣，如果學校教學重點只教孩子看樂譜，考試只考樂譜，結果孩子不敢開口唱，夠不夠荒謬？
我們的英語教育就是這樣的荒謬！
若不承認荒謬，還只是認為微調就好，就不可能徹底翻轉教育，那麼這個荒謬保證繼續下去。

如果你希望孩子學英語是能「產生興趣，開口說英語」，你已為孩子做出正確的第一步。

但是………這只是第一步，在台灣要做到開口說英語的及格程度是不簡單的，及格的標準我們不要求高，我們只要求美國四歲孩子的程度，標準應該不算高吧！但我們的大學生學了英語十多年，幾乎都是不及格，這是因為台灣的英語教育出了大問題，不只是學校，許多幼兒園，安親班，英語補習班也是一樣。我還要告訴你，有些英文班號稱重點是教孩子開口說，事實上也不是這回事，只是魚目混珠而已，你有了正確觀念，就不會幫孩子選到這種英文班。

要讓孩子「開口說英語」，你要為孩子做出正確的第二步：
「建立英語啟蒙的正確觀念」。

我相信每個人或多或少都有些正確觀念，即便你有80%正確的觀念，但那20%的錯誤觀念常常就是關鍵的錯誤。

哪些是英語啟蒙的關鍵問題呢？譬如「應該讓寶寶把中文學好再學英文？」，「何時開始學英語，越早學越好？」，「寶寶如何真正建立真正語言體系？」，「什麼樣的語言學習方式也能提高孩子的智力？」，「把寶寶交給英語補習班就好了？」，「如何挑選英語啟蒙老師？」等等多個需要注意的觀念。

瞭解語言學習的觀念就夠了嗎？不是的，即便語言學習方式正確，卻違背幼兒這個年紀的學習模式，則效果就大大降低，所以本書也提到幼兒學習需要注意的事情。

有了英語啟蒙的正確觀念就夠了嗎？還不夠，你要為孩子做出正確的第三步：
「徹底根除舊有的錯誤觀念」。

雖然你已經有了正確新觀念，你還是很可能為孩子做出錯誤的決定，為什麼呢？人們接受新觀念其實通常沒問題，問題是人們往往很難拋棄舊觀念，所以錯誤的舊觀念仍然主宰你的思維。譬如孩子看英語卡通時（沒有中文配音），爸媽

就感到非常不安：「孩子怎麼能看懂卡通？」，所以就翻譯中文給孩子聽，或是就換有中文配音的卡通，殊不知這個方法是完全錯誤！

這些錯誤觀念都根深蒂固在你的內心深處，許多錯誤觀念來自於過去的習慣、過度的擔心、將錯就錯的大環境思維、沒良心廣告持續的轟炸洗腦，甚至少數學者的謬論誤導著你。所以除了必須瞭解新觀念外，還要很清楚知道錯誤的觀念會造成什麼問題，這樣你才能將錯誤觀念從你腦海中徹底根除。

本書的目標：

- 幫助你**建立英語啟蒙的正確觀念**，譬如為什麼「聽」的過程比你想像中還來的重要？
- 破除一些父母常常會引以為傲的迷思，讓你**徹底根除舊有的錯誤觀念**。
- 瞭解真正的語言體系：「**想什麼就講什麼，腦子不需翻譯**」是如何建立的。
- 有了正確觀念之後，本書也**提供實際簡單的作法**，這些都是保證可以輕易做到的。
- **分享多位優秀英語老師的成功經驗**，同時也是國內外權威研究認同的觀念與作法。
- **提供如何選擇英語教材、英語課程**，包括在家中該如何幫助你的寶寶。
- **分享給你在家中最簡單有效的輔助教法**，這是少數家長發現的秘密，包括我的孩子也因而受惠。其實這個秘密芬蘭全國早就都這麼做了，這也是芬蘭人英語很好的原因。

本書整體的目標：

- 讓你的寶寶愛上英語，寶寶自然樂於開口說英語。

我知道每個父母都很忙，也許你也在網路上看了不少文章，但相信我，有許多重要觀念你是需要好好瞭解的。本書已盡量寫得精簡，也有許多附圖幫助你吸

收觀念，你只需花少許時間，就能幫助你的孩子愛上英語，奠定一生正確的英語學習方向，而且能讓你未來省下許多費用，不會買到錯誤的教材或課程。

由於我有豐富的演講經驗，我非常重視**觀念的啟發**，而非**知識的灌水，我希望你不只是增加知識，重要的是觀念的脫胎換骨**。所以在書中對於重點觀念會再三強調，而且也會提醒你注意一些似是而非的觀念。

英文啟蒙階段是學英語的關鍵階段，一開始建立正確的學習方式，學英語不但事半功倍，也能水到渠成。一開始採用錯誤的學習方法，孩子長大後需要花上數倍以上的代價才有可能彌補，能花錢彌補還好，但對於大多數人來說都很難達成。

寶寶用對方法 → 養成好習慣 → 終生受用

有些父母覺得不需要吸收正確的知識，以為將寶寶交給學校教就好，這是很悲哀的錯誤！理由有三大點：

1. 如果我們的英語教育環境是健全的，父母當然相信學校即可，問題是台灣正規的英語教育系統出了不小問題，家長需要自救。

2. 假設台灣有15%坊間的英文課程是採用正確的英語學習方式，如果你沒有正確的知識，如何分辨哪一間是好的？你也知道的，每一家都說自己有多好，也不要以為規模大、名氣響亮就是好的。

3. 英文啟蒙階段不能只靠學校或老師，在家中是否能營造英語環境更是重要的關鍵，所以父母當然也要吸收正確的知識。

本書安排的順序：

本書分為三大部分。

第一部分是談到Why（為什麼），解釋為什麼應該在幼兒時期學習英語，相信大多數父母也都同意，但很多父母同意只是人云亦云，怕輸在起跑點，因此心態上只是大家怎麼做，自己就怎麼做，所以大家跟風一直錯下去。再加上有少

數學者反對幼兒學英語，甚至認為這是揠苗助長，所以許多父母雖然讓孩子學英語，但實際上心態卻是可有可無，當然在挑教材、挑英文班就是以隨意的態度，造成寶寶以錯誤的方式學英語。

　　第二部分談到What（什麼），這部分說明什麼是正確的語言學習方式。每一位寶寶都是語言天才，他們都是可以飛上天的風箏，順著孩子的語言天賦，孩子就能輕易飛上天。好的學習方法，就像給孩子吃健康的食物，錯誤的方法，就像是給孩子吃垃圾食物。在台灣，我們大多是用錯誤的方法在學習語言，所以永遠是學不好，想想看，我們怎麼能期待一天到晚吃垃圾食物的孩子擁有健康？

　　第三部分談到How（如何做）：父母如何幫助孩子學習英語？建立正確觀念之後，這部分提到具體的作法：最有效的方式是什麼、如何挑選英文班、如何挑選老師等。在這個部分我也會提出一些問題，你可以用這些問題來檢查自己是否真正能應用正確觀念。另外也提到寶寶學習的模式，譬如孩子就是在遊戲中不知不覺的學習，以及主動學習的威力等。

　　本書所談的觀念主要是針對幼兒學習的階段，有些觀念不一定適合非幼兒階段。

　　讓我們一起為孩子建立正確學習英文的觀念吧！

目　錄

第一章　幼兒時期學習英語有什麼好處？

第二章　什麼是正確的語言學習方式？

第三章　如何幫助孩子學習英語

第一章

幼兒時期學習英語
有什麼好處？

1 英語不只是一種語言，而是讓孩子「開拓視野」！

英語不是中文、不是日文、不是俄文、不是西班牙文、不是韓文……

這三歲小孩都知道，但我的意思是：

英文的地位與影響力不是中文、日文、俄文、西班牙文、韓文……可以相提並論的！

只要會英文幾乎就可走遍天下。因為不管是國際機場、飛機上、國際旅館、知名觀光點，只有一種語言一定可以溝通：那就是英文！

英文的重要性不斷增加，尤其在網路通訊日益發達的現代，我們的生活注定離不開英文，不信的話只要看看自己的電腦鍵盤，不論是哪一國家的電腦鍵盤都有英文的字母按鍵，而且往往電腦鍵盤的設計都是以英文為主。

別忘了還有一種語言：「程式語言」也是以英文撰寫！

雖然中文的重要性越來越高，但中文實在難以取代英文成為國際語言，除了世界已習慣以英文作為共同溝通語言外，英文是簡單易學的語言，而中文是公認全世界排名第一最難的語言。大陸雖是使用中文最多的地方，但近年來也是學習英文人口最多的地方。

英文不但是全世界最通行的語言，估計2020年全世界有30億人口使用英文，世界各國都增加英文的教育預算，而在這知識爆炸的時代，英文資訊的資料量，如網路課程、新聞、演講、文章等等，不管在質與量上，都遠遠超過任何其他語言。

☞**英文不再只是英文，而是世界語言！**

◎英語有多重要？

　　阿里巴巴創辦人馬雲說有七個關鍵讓他這麼成功，**第一個關鍵就是：英語！**
理由是：

　　☞ **學英語不只是學一種語言，而是讓我「開拓視野」！**

　　容我提醒大家，馬雲不是只會英文的讀寫，在馬雲十多歲時，大陸並沒有多少機會能練習講英語，馬雲為了練習說英語，花了八年的時間到杭州西湖主動當免費導遊！

　　你知道台灣的孟懷縈院士嗎？孟懷縈院士離開史丹佛大學教職成立新創公司，開發出高性能的wifi晶片，五年後以30億美元賣給美國高通（Qualcomm，手機晶片第一大廠）。她在臺大畢業典禮致詞時給畢業學生三個忠告，第一個忠告就是要「擴大你的視野與胸懷」，如何做到呢？她建議**從加強英語能力下手**，因為全世界的知識大多以英文在交流，包括以自己語言為傲的歐洲都是如此。

　　☞ **簡單講，只要會說英語，孩子的世界就不會只是台灣，而是全世界！**

2 你希望孩子以哪一種方式學英語？

由於英語是連結各國家溝通的語言，幾乎所有非英語系國家都將英語列為課程，而且有越來越早學的趨勢，如歐洲國家孩子大都在學齡前（2~6歲）即開始學。而亞洲的台灣、大陸、韓國、泰國、越南等國，也有越來越多的孩子在學齡前即開始學英語。

孩子需不需要學英語不是個問題，

☞問題是什麼時候開始學？怎麼學？

◎什麼時候開始學？

這個問題有時會困擾著家長，雖然大多數人都認為越早越好，但也有些學者反對太早學英語，反對早學英語主要有兩個聽起來「蠻有道理」的理由：

理由1：認為幼兒雙語學習會容易混淆，應該把中文（母語）學好，再學英語。

理由2：認為早學不一定學得好，晚學也不一定學不好，重點是「如何學英語」，也就是學英語的方法（How）是否正確才是重點。

關於該不該擔心「幼兒雙語學習會容易混淆」？我們在之後會說明。

我相信所有的爸媽都希望孩子以正確方法學英語，只是何時學有不同的看法。

但雖然大家都想用「正確方法」學習，但事實上：

☞我們的孩子大多數都是以
「不正確方法」學習！

怎麼會這樣？

為什麼說我們的孩子大多以不正確方法學英語？

這是真的嗎？

很簡單，問問我們的英語教育成功嗎？台灣的英語是亞洲排名倒數的！我們孩子學了十多年，大多數說英語都慘不忍睹。如果我們的孩子真正是以正確方法學習英語，我們的孩子英語就不會如此差！

◎本書將會提到三大重點：

第一個重點是解釋為什麼「**越早學越好**」，而且好處多多！

第二個重點是說明什麼才是「**正確方法**」學英語？

第三個重點是建議孩子「**具體學習英語的做法**」，只有想法是不夠的，還要有實際作法。

爸媽們一定要把握這三大重點的觀念，才能讓孩子把英語學好。

3 ## 幼兒時期學雙語會造成語言混亂？

如果孩子跟你說：「媽咪，我想吃Apple」，請問你會擔心嗎？

嬰幼兒期是人生唯一的語言黃金期，因此大部分家長都想讓孩子及早學習英語的念頭，但有少數學者認為會引起語言混亂，他們說孩子講中文時，會夾雜英語，所以無法正確表達中文，因此主張先熟練中文，再學英語。

如果從小說雙語真會造成長大之後語言混亂，那麼為何沒有學者呼籲從小不該學方言？而且幾乎所有學者都主張從小就學習方言！我自己就是在國語與台語的環境。為什麼這些學者不反對「國語＋台語」學習，卻反對「國語＋英語」？這不是很矛盾？

多語言學習造成混亂的想法不但早就過時，事實上在國外則是一面倒鼓勵學習雙語甚至三語。加拿大蒙特利爾麥吉爾大學（McGill University）的Peal和Lamber教授早在1962年就發表研究報告，**完全把「多種語言會為造成混亂」的理論推翻**。這研究發現嬰幼兒具備學習多種語言的能力，而且擁有雙語能力的孩子比一般的小孩在各項智力測試中獲得更優秀的成績。大量的科學研究報告也肯定了Peal和Lambert的研究，譬如美國許多知名大學，如哈佛大學、哥倫比亞大學及史丹佛大學等都得到同樣的結論。

◎你還要更多專家的研究才能說服你嗎？

美國嬰幼兒教育專家Dr. Robert Titzer的長期研究，若寶寶在0～4歲間就開始同時學習雙語，腦部可均衡發展出兩個語言區，但若寶寶從5～10歲才開始學習第二語言，那麼第二語言在大腦中的空間就會較小，而且學第二語言並不會影響第一語言的學習。

其實從現實生活中也可知道，譬如**台灣許多小孩本來就同時學習國語及方言或原住民語**，而且世界上大多數國家的小孩小時候都講兩種，甚至三、四種語言。如馬來西亞的華人小時候都至少直接學華語、英語以及馬來語三種語言，這三種語言差異極大，但對他們而言一點都沒有問題，長大後都能以三種語言思考

或表達，因此父母根本不需要擔心小孩沒辦法同時學中文與英語。

　　多語言種族還包括猶太人，猶太人從小學習兩、三種語言是非常自然的，但是猶太人有語言障礙嗎？不但沒有，而且猶太人還被公認是世界最聰明，也專精多語言的種族。

　　美國嬰幼兒教育專家Dr. Robert Titzer的研究也指出，幼兒學習多種語言，雖然在講話時會多語混用，但這不代表他語言能力不好，當孩子到了三、四歲時，他們就能分辨語言，知道該和誰講何種語言，而且精通語言的能力會讓所有大人望塵莫及。

　　所以當你孩子跟你說：「媽咪，我想吃Apple」時，你應該要開心才對！而不是緊張自己孩子以後長大後是不是不會說：「媽咪，我想吃蘋果」。

☞幼兒時期學習雙語，不用擔心日後造成語言混亂，
雙語混用是美麗的學習過程！

幼兒學習雙語的好處

有一個笑話：老鼠洞口來了一隻貓，這隻貓卻裝成狗叫聲，一隻老鼠聽了是狗沒關係，於是就走出洞口，正巧被這隻貓逮住，老鼠問貓說：「我明明聽到狗叫聲，怎麼會是你呢？」貓說：「你不知道啊？這年頭就是要學會多種語言才吃得開。」

從小學英語，長大事半功倍的效果大家都知道，我本來也一直認為這就是學習雙語的好處。

但……學習雙語的好處只有這樣嗎？

好奇的我上網查了一下「學習雙語的好處」，沒想到還有其他意想不到的，我整理一些重要、有趣的資訊與你分享：

包括耶魯大學、哈佛大學、哥倫比亞大學及史丹佛大學等許多科學性研究都指出，**雙語能力對智力、解決問題的能力、分析能力、注意力、處理能力表現較佳。**

研究也指出如果幼兒學習雙語，長大後學習第三語言，會比那些只學習單一語言的幼兒來得容易。我想這個是很自然的道理，小時候會兩種運動的孩子，學第三種一定更快。像我孩子從小學講台語、國語、英語三種語言，他高中時學日語就比同學快很多。

美國著名認知神經科學家Dr. Laura-Ann Petitto教授多年的研究也發現，幼兒學習語言的黃金時期是3～6歲，且越早學習雙語越好，**日後在語言、記憶力、認知、閱讀及社交發展等方面**，皆較只有學習單種語言的幼兒優秀。

沒想到！學雙語太划得來了！

以上的研究你可能不一定相信，但下面這可是科學的證據：

學習多語言的人，其大腦灰白質的密度增加，這科學證據顯示腦部的確受到刺激而更聰明。

為什麼學習雙語有這麼多好處？其實真的是很有道理，我們在之後的章節還會更詳細說明！

學英語越早越好？

各位爸媽還記得你小時後如何學會講話嗎？我自己完全不記得，我感覺我天生就會講國語與台語。

但你要是問我如何學英語，我可以講一整天，13歲開始學英語就是痛苦的歷程，主要原因是自己的記憶力差，我真的難以適應台灣的英語教育：死背型的方式，因此我的英語成績一直都很差。留美四年中，我努力培養聽說的能力，最後勉強可以用英語做一般的溝通。

從嬰兒到3歲的成長過程，**讓大部分爸媽感到最神奇的是什麼？**不是孩子長得很快，學會走路，也不是會哈哈大笑，聽到音樂會跟著搖屁股。

而是**學會講話！**而且好像突然開竅！

孩子在1歲之前會發出一些聲音，但這些聲音好像都沒什麼意義，爸媽也聽不懂，但實際上孩子就是企圖用聲音與爸媽溝通。到了1歲半到2歲時，才開始出現一些有意義、爸媽聽得懂的話。**而2歲之後，開始進入「語言爆炸期」，孩子增加的字彙，譬如從200個增加到1200個字彙**，而且不只是單字的表達，而能說出簡單的句子。

從我孩子出生的那一天開始，我爸媽就告訴我一定要跟孩子講話，說真的，我是半信半疑，孩子一歲之前，我真的覺得我在跟空氣講話，常常覺得自己好像個白癡。孩子到一歲左右時，他終於講出讓我感動到流淚的語言：「媽媽」，「爸爸」！就這樣傻傻講了兩年多，當我們還在懷疑孩子真的能學會講話時，這時孩子忽然間開竅了，而且一發不可收拾，到了四歲之後，還覺得他很聒噪！

孩子學會說話的過程，就像神奇的魔術！

為什麼我們會覺得很神奇？因為大人學習新的語言可是一點都不簡單，要上課，一堆教科書，而且還要非常努力學好幾年。但幼兒卻不需要書本，也不需要正式教育，他們只是每天聽著爸媽不斷講話，他們就會了，學習速度卻比大人快

上好幾倍！

☞大人是學習語言的白癡，小孩卻是語言天才！

嬰幼兒期是人生唯一的語言黃金期。

「**語言黃金期**」英語叫做「**Critical Period（關鍵時期）**」，中文翻譯為語言黃金期，翻得非常傳神。

根據許多研究顯示，最佳黃金時期是零到五歲之間，而七、八歲算是最後階段。

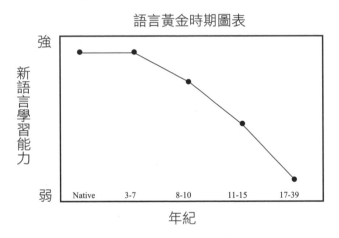

語言黃金時期圖表

圖引自Devineni 腦神經博士的文章

☞要學英語，就把握孩子一生只有一次學習雙語的黃金機會！

◎多早即可學英語？

其實我們問問自己，我們如果希望孩子能講方言（如台語或客語），我們會問何時學嗎？許多猶太人、馬來西亞華人從0歲就開始學三語，但最佳黃金期是零到5歲之間，尤其是0~3歲，接下來是4~6歲，而7~8歲算是最後黃金階段，因此越早學越好。

◎語言黃金時期的科學驗證

大家都知道幼兒為語言黃金時期，動物也有語言黃金時期嗎？

動物以鳥為例子最佳，對的，不要忘記鸚鵡、八哥等是唯一能模仿人聲的。現代科學也發現FOXP2基因就是控制語言的基因，鳥類的FOXP2基因與人類最為近似，所以能發出複雜聲音。

鳥類與人類一樣，都是透過模仿父母的聲音與說話方式來學習，幼年時也都會牙牙學語。剛出生的幼鳥只會發出簡單的怪叫聲，需要一段時間的努力，刻意的練習模仿父母的叫聲，最後才能發出「成鳥般的啼叫聲」。

人類有語言黃金時期，錯過了，學習語言能力大大降低。

科學家也很好奇，那麼鳥呢？鳥有沒有語言黃金時期？

科學家將出生的鳥與媽媽隔離2～3個月，因此幼鳥聽不到媽媽的鳥叫聲（Bird Song），接著再將幼鳥與同類成鳥養在一起，但這隻幼鳥終其一生再怎麼模仿，也無法發出如「成鳥般的鳥叫聲」。無法發出標準聲音的幼鳥長大後會如何？事情可嚴重了，他們無法找到配偶！因為他們不標準的聲音，會被認為不是同類的鳥。**也就是一旦錯過黃金時期，幼鳥就難以學習自己的叫聲。**

其實包括訓練鸚鵡說人話，也有黃金時期，要從很小就要開始，一般鸚鵡在4～15個月之間學會，如果等到3歲之後再教，幾乎就不可能了。

同樣的，**只有在幼兒時期學英語，才容易發展出接近母語的發音腔調與辨音能力**，所以若到了較大年齡才接觸英語，將更難達到母語般的英語發音與聽力能力。所以看看孩子發音比較標準的，幾乎都是幼兒就開始學英語的。

語言，早點學，與晚點學差很多！

如果你的孩子已經三、四歲了，還沒開始學英語，也不用焦慮，早點學比晚點好，晚點學比不學好，就從現在開始，只要方法正確，仍能達到很好的效果。

最後引用《經濟學人（The Economist Newspaper Limited 2013）」的報導：「**許多家長曾經不讓小孩學習第二語言，因為相信會干擾他們學習比較重要的第一語言。但這種想法已然完全過時**……這些家長是否可趕緊讓已經長大的小孩學習第二語言呢？很不幸的是為時已晚。因為小孩在出生之後就接觸多語言，才能獲得最大的益處。」

☞掌握黃金時期學語言，記住一生只有一次！

一生只有一次的機會溜過了，就不在了！

你不需一堆專家告訴你怎麼做，你的觀察就足以告訴你是否讓孩子學習雙語。

相信你自己的觀察吧。

6 長大後不是更聰明嗎？學習語言為何能力較弱？

幼兒學習語言是最佳時機，並非大人就不能學習語言，其實一開始，大人學習新語言的速度通常一開始比幼兒還快，這是因為大人已經累積許多大量知識，很強的理解力，而且又有一堆教科書、字典、網路教學的幫忙，大人可以快速學習新語言的架構，尤其是讀、寫能力上。

但在語言的溝通、發音流暢度這方面，大人除非有不錯的語言天分，否則雖然投入大量的精神，最終孩子學習語言的速度還是後來居上。

大人在許多方面的學習力的確較孩子強，譬如數學能力、分析能力等，但為何絕大多數大人的語言能力根本無法跟幼兒比？

Devineni腦神經博士指出，不只語言有黃金時期，其實一些音樂天才或運動天才，大都是從非常小時就開始接觸。在黃金時期（critical period）開始接觸新語言或學習彈奏樂器等，幼兒時期的腦，就像海綿一樣快速累積吸收。

當我們長大之後，腦子的吸收力就開始緩慢下來，當然因為隨著長大，我們腦子轉而吸收大量的的知識，理解抽象概念，分析等等。但對於很多基礎學習，孩子比大人快速很多，包括運動，語言，學樂器等等。譬如在孩子時期學習鋼琴3～5年進步速度驚人，但若超過35歲，即便學習鋼琴10年其進步有限。

前面有說到，若要教鸚鵡說人話，要從小就要開始教，過了黃金時期就無法學會。事實上人也是一樣，一位烏克蘭少女Malaya在3歲的時候，由於酗酒的父母疏於看管，她就與狗一起生活在一起，直到8歲才被鄰居發現，但她不會說話，只能吠叫。社工人員花了許久的時間教她講話，幸運的是Malaya在3歲之前曾經學過講話，因此恢復部分語言能力。

但另一位美國孩子珍妮（Genie）就沒那麼幸運了，珍妮出生後就被爸爸關在籠子，不跟她講話，直到珍妮13歲才被社工人員發現。珍妮雖然不是智障兒，最終只會講幾個單字，無法學會正常的對話。歷史上也發生被猩猩養大的小孩，行為舉止就像猩猩，之後也無法學會真正的講話，所以電影上的「人猿泰山」確實存在，但實際上人猿泰山不會講話而且智商很低。

　　這些例子告訴我們，高等動物包括人類，經過長期演化的結果，一出生之後即開始展開語言學習，**幼兒時期不但是語言學習的最佳時期**，而且語言學習也是**幼兒智力發展的關鍵因素**，幼兒在此階段若不學習語言，缺乏豐富的大腦刺激，孩子終生的智力就很低。

　　☞幼兒是學習語言的天才，是因為人類幾十萬年演化的結果！

　　☞順著自然法則，學習語言才能事半功倍！

也有人晚學英語也學得不錯，晚點學有差嗎？

有少數人12歲之後才開始學英語，而且英語還講得真好，因此也有人主張學語言不一定要幼兒時期就開始學。的確也有少數人並非在幼兒時期學習英語，也學得很好，這當然牽涉許多因素，包括學習環境、學習方式、努力的程度等，但還有一項重要因素：

是否擁有「語言天分」？

美國哈佛大學教育研究院心理發展學家**Howard Earl Gardner**於1983年提出**多元智能理論**，歸納出八大智能，後來也成為智能的主流評量方式，這八大智能分別是：

1. **語文智能**：語言學習力強，如作家、語言學家。
2. 數理邏輯智能：如科學家。
3. 空間智能：如畫家、建築師。
4. 肢體動覺智能：肢體控制能力強，如跳舞、運動等。
5. 音樂智能：如音樂家。
6. 人際智能：如領導者、政治家，對人性有較敏感的感觸。
7. 內省智能：喜歡思考人生，如宗教家。
8. 自然智能：與大自然相處的感受能力。

一般人最多擁有2-3項較為突出的，即便是天才，也很難每一項都突出。

「語言智能」有一套客觀測驗，稱為「語言學習性向」（**Language Learning Aptitude**，LLA），經過研究統計擁有「語言天分」者，即便在長大學習語言也學得不錯。而且研究發現，「長大」之後學習外語是否能學得好，與「語言天分」很有關係！

你應該會好奇，那為什麼大部分沒有「語言天分」的孩子，在幼兒時期能學好語言？

在2008年一個由Abrahamsson領導的瑞典團隊經過研究之後發現：

因為每個孩子在幼兒時期都擁有「語言天分」！

即便沒有「語言天分」的人，7歲之前也有很高的「語言智能」，所以孩子都能輕鬆的學習語言，但10歲之後「語言智能」快速下降，所以之後學習語言會辛苦很多。

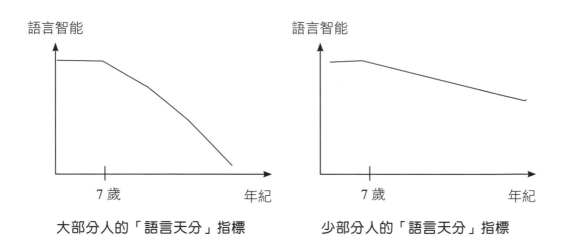

大部分人的「語言天分」指標　　　少部分人的「語言天分」指標

擁有「語言天分」者，長大後「語言智能」還是維持很高，如果你有「語言天分」，你仍能像小時候那樣輕鬆學習語言，當然不是說沒有「語言天分」就不能學習新的語言，而是要花更多的心力，或是要看學習語言環境等。

也有一些研究指出，如果幼兒時期學習多種語言，長大後「語言智能」也會比較高，所以在幼兒時期及早學習外語絕對是對的作法。

以上事實給我們的結論是：

1. 在幼兒時期就開始學習英語準沒錯，孩子長大後是否擁有語言天分誰也不知道。

2. 幼兒時期就開始學習英語或甚至第三種語言，都能加強大腦語言區的刺激，長大後語言智能也會比較高。

除了以上兩點之外，我還要補充三點幼兒學外語的好處：

3. 幼兒時期比較能在不知不覺中學習英語，容易養成習慣。孩子大後，中文溝通都無問題，所以想開口說英語的意願自然會降低。

4. 孩子越大，越愛面子，越會恐懼開口說英語，幼兒在這方面問題少多了。幼兒時期學會說，孩子會有親切感，即便一段時期沒說，但有種「這我本來就會」的感覺，所以容易跨越恐懼的障礙。

5. 幼兒時期大腦智力的開發就幾乎完成，若在幼兒時期以母語學習法學英語，就能大大開發大腦智力，這跟長大後再學是不同的，這一部分在下面章節中會再詳細說明。

8 語言黃金時期學習的重點是什麼？

人類開始懂得複雜的說話方式，至少有十萬年的歷史，不只是人類，如鯨魚、海豚、猩猩等也能進行很簡易的溝通。**人類經過數十萬年演化的語言能力是「聽」與「說」的能力，**而非「讀」與「寫」的能力，文字的真正普及是近300年才開始。

☞「語言黃金時期」是指演化結果的「聽、說」能力！
所以「語言黃金時期」的重點在培養「聽、說」能力。

瞭解**「語言黃金時期」**是指**「聽、說」**這兩種能力，這點非常重要，為什麼呢？

因為如果我們讓寶寶在黃金時期時的學習重點放在「讀、寫」，那就白白浪費黃金時期的時間，我們應該將寶寶學習重點放在「聽、說」上才對！

幼兒一出生後，即進入語言黃金時期，而最重要就是發展「聽」與「說」的能力，Krashen, Scarcella, and Long在其研究更指出：「幼兒學習英語比成人更容易發展出接近母語的發音腔調與辨音能力」，所以若到了較大年齡才接觸英語，將更難達到母語般的英語發音與聽力能力。

這可由成年人學習外語時遇到困難得到驗證，譬如幼兒沒有接觸過英語的日本人，不但在聽力或發音方面很難分別出 "R" 與 "L" 音（像 "Right" 和 "Light"），這是因為日語並沒有把 "R" 與 "L" 音分別開，導致幼兒在語言區中沒有這概念，等到學習語言黃金期過後，已沒有辦法分別開這兩個音了，而且因為發音所使用到的肌肉也已經定型，在發音校正上也非常困難。

那要如何讓日本孩子分辨 "R" 與 "L" 音呢？答案就是最好讓日本嬰兒越早聽到 "R" 與 "L" 音，專家建議在一歲之前！

以中文來說，我們對於英語L與Th 的聲音較不易辨別，譬如說 "Father"，我們經常將 "th" 發為 "L" 的聲音，像我就經常被糾正，但是很難改過來，因為舌頭擺放的位置就是不習慣放在上下牙齒之間。另一個更重要的原因是我耳朵沒辦法清楚辨別 "th" 與 "L"，所以我覺得我的發音沒什麼不對啊？

☞培養「聽」與「說」能力，是幼兒學習英語的最大重點！
　聽辨能力的培養甚至在一歲之前！

「讀」與「寫」兩個能力在長大後可以培養，但「聽」與「說」兩種能力就很難，譬如許多印度人英語非常好，但要印度人長大後改變為美國口音的英語就非常困難。

「聽」與「說」

「讀」與「寫」

目前台灣學習英語的正式教育由小一開始，許多家長認為反正小一就會教，所以不需要5、6歲之前學習英語，這是錯的！台灣的英語教學從小學到高中這12年，幾乎都是教「讀、寫」，因此爸媽該培養寶寶的聽說能力。
這點很重要，所以再說一次：
　☞培養「聽」與「說」能力，是幼兒學習英語的最大重點！

　　爸媽們，真的不要在意孩子在小時後會不會英文「讀、寫」能力，尤其英語是拼音文字，英語只要學會「聽、說」之後，其實「讀、寫」就變得相當簡單。人生只有一次語言黃金時期，重點要抓對，要多花心力的是孩子在小時「聽、說」的能力，否則就浪費黃金時期的寶貴期間！

重點整理

- 英語不只是一個語言，而是讓孩子「開拓視野」！

- 只要會使用英語，孩子的世界就不會只是台灣，而是全世界！

- 學英語越早學越好！

- 幼兒時期學習多種語言不用擔心日後造成語言混亂，語言混用是美麗的學習過程！

- 每個孩子在幼兒時期都擁有「語言天分」！成人只有少數人擁有「語言天分」。

- 嬰幼兒期是人生唯一的語言黃金期，最佳是六歲之前，而七、八歲算是最後階段。

- 把握孩子一生一次學習雙語的黃金機會，而且越早學越好！

- 語言黃金期是指「聽、說」能力，不是「讀、寫」能力。

- 幼兒學習英語的最大重點在「聽、說」！非「讀、寫」。

- 只有在幼兒時期學英語，才容易發展出接近母語的發音腔調與辨音能力。

- 學習雙語，日後在語言、記憶力、認知、閱讀及社交發展等方面皆較優秀。

第二章

什麼是正確的語言
學習方式？

幼兒如何會學語言？

為什麼幼兒會自己學語言？本能吧！沒錯，但是什麼動機？

這個動機，其實就是**好奇心**！幼兒從出生後，看到爸媽張開嘴巴，對自己講了一堆話，有一天心裡想：「我爸媽到底在講什麼東東啊？」，幼兒就開始「猜」爸媽在說什麼？

但孩子是如何「猜」呢？

線索就在「影像」！！

想吃蘋果嗎？

譬如當媽媽問寶寶：「想吃蘋果嗎？」，同時配合肢體動作：一手拿蘋果，嘴巴做出要吃蘋果的動作，又將蘋果搖一搖以代表問句。孩子就可透過媽媽的動作影像，猜猜媽媽在說什麼？

美國幼兒教育學家華斯教授說：

「幼兒在學習語言時，視覺的吸收率占了83%的重要性！」

有83%這麼多？是的！大家可以想一想，如果你的孩子不知道「吃」及「蘋果」這個字彙，然後你不拿蘋果直接問孩子：「想吃蘋果嗎？」那麼就算你講了一萬遍，他也不知道你在說什麼？**幼兒在學習語言時，不只是「聽」，更大重點還有「看」**，才能猜出你在講什麼，而且影像最好是動態影像而非靜態影像，因為動態影像含有更多資訊，孩子就比較容易猜。

　　所以**幼兒事實上只用一個字用學會語言，那個字就叫「猜」**，神奇嗎？其實想像有一天你漂流到一個荒島，大家都無法溝通，你該怎麼學島上的語言？是的，就像幼兒一樣，透過比手畫腳一番，然後「猜」對方在講什麼。

　　有人說「比手畫腳」是萬用的世界語言，說得一點也沒錯。我有一次去國外，想問人家廁所在哪，即便我用最常用的英語 "Toilet Room"、 "Rest Room"，但對方卻完全聽不懂英文。最後我使出大絕招，我模仿尿尿姿勢，雖然姿勢有一點……嗯，但對方立刻知道我要找廁所。

　　再想像一下，如果漂流到荒島時，除了你還有兩歲孩子，誰會快速學會島上的語言？

　　一開始可能大人比較快，但因為幼兒的語言天分大大超過大人，不久孩子會遠超過我們。

　　為什麼幼兒會自己學語言？因為好奇，而且他們真的很會猜！！

外語主要學習的方法

學習外國語言的方法有許多種，但大略分為兩大類：

第一種是傳統的「**文法翻譯學習法**（Grammar Translation Method）」，簡稱為「**翻譯學習法**」。

第二種為「**直接學習法**（Direct Method）」，又稱為「**自然學習法**（Natural Method）」，台灣則稱「**母語學習法**」。

「翻譯學習法」大家一定都很熟悉，在台灣，大陸，日本等亞洲國家學英語或外語的方式大多是採用翻譯學習法。翻譯學習法是一種傳統的學習外語的方式，在西方中世紀時被用來學習拉丁文。拉丁文是古羅馬帝國所使用的語言，但自從古羅馬帝國滅亡一陣子後，就不再使用拉丁文來交談，只見於古書、宗教書籍，也就是所謂「死的語言（Dead Language）」。

翻譯學習法的重點是讓學生學習外文的文法，以翻譯方式瞭解外文的意思。翻譯學習法用來學習拉丁文不是問題，因為學習拉丁文的目的不是用來交談，而主要是用來「讀」與「寫」。

「翻譯學習法」的方法是從「文法」，

「單字翻譯」著手，

主要是以「讀」與「寫」作為學習語言的重點！

讀，寫

文法，單字翻譯

翻譯學習法

早期歐洲人採用傳統的翻譯學習法來學習要用來交談的外文時（如英語、法語），就發現「**翻譯學習法」不行了，學生很難使用外文交談**，其實這也不奇怪，因為翻譯學習法強調的就是閱讀與寫作，但完全不適合口語交談能力的培養。

但「母語學習法」就不一樣了，「母語學習法」就像孩子學母語一般，強調的特點如下：

●盡量不使用母語協助，而直接學習外文（不使用母語翻譯為原則）。

●直接透過比手畫腳方式，或是影像、實物來直接學習單字或想表達的概念。

●不先講解文法，而是讓學生透過對句子的理解來瞭解文法的規則。

●強調問答方式的學習，以口語交談為主。

　　「母語學習法」是由德國移民到美國的貝立茲先生（Berlitz，1852~1921，猶太人）所發揚光大，因為學習外語成效卓著，特別是口語交談的效果，因而貝立茲語言訓練機構遍佈美國，也獲得無數的榮譽與獎項。因此「自然學習法」也成為歐美的主流外語學習法，尤其在歐洲更是普遍被採用。

　　以德國為例，德國人在1970之前教英語主要仍是以翻譯學習法學習英文，雖然德語和英語同屬日耳曼語族，但德國人的英語仍說得不好，因此德國在1970年代末期開始改為母語學習法，結果大幅增進了德國人英語的口語能力。

　　母語學習法就是以「自然」、「直接」的方式學習語言，非以文法切入教學，也不透過「另一種語言」來學習，採用大量的圖案、實物、肢體動作或影片，就跟教孩子第一語言一樣。由於「自然學習法」這個名詞在台灣不普遍，台灣都是以「母語學習法」來稱之，因此本書後面都以「母語學習法」來稱呼「自然學習法／直接學習法」。

「母語學習法」與孩子學習母語的方式是一樣的！
主要是以「聽」與「說」作為學習語言的重點！

聽、說

母語學習的方式
影像引導

自然學習法／直接學習法
母語學習法

　　所有語言專家都會告訴大家：母語學習法才是對的學習法，孩子才能以「英語思考」，直接「講英語」。但台灣英語教育失敗，就是因為大多採用翻譯學習

法的關係。

如果你是英文老師，或是喜歡研究的爸媽，可以參考兩種方法的比較（以學習英文為例）：

	母語學習法	翻譯學習法
名稱	在國外稱為「直接學習法」，「自然學習法」	正式名稱為：文法翻譯學習法
起源	人類最自然學語言的方式。 「貝立茲」在美國將此方法發揚光大，學外語就是跟孩子學習母語一樣「直接學習」，因此「貝立茲」將此命名為「直接學習法」。	最傳統的教學法，16世紀開始在歐洲流行，是用來學習「死的語言」，西方尤其是學習拉丁文及古希臘文，東方如學習梵文，學習外語常常跟宗教經典有關。
方法目的 學習重點	學語言首要就是將「**聽、說**」學好，改革傳統翻譯學習法的缺點。尤其英文是拼音文字，學好「聽、說」之後，「讀、寫」就簡單了。	學好「**閱讀，書寫**」。 為學「死的語言」而發展出來，所以重點在於「讀、寫」。
學習對象	幼兒接受度高。 8歲以上大小孩，成人容易抗拒，特別是接受過翻譯學習法的教法之後。	大小孩，成人，尤其是養成翻譯學習法學習外語之後。
盛行地區	歐洲、美國。以溝通為導向學外語。	台灣、大陸、日本、韓國熱衷考試等地。以考試為導向學外語。
師資要求	要求高，需要口語能力佳的老師。 老師的角色是需要非常積極。	老師的要求不需要口語能力。老師的角色主要是翻譯與解釋。
教學環境 要求	小班制，因為學生要大量練習聽與說，教學成本高。	小班制、大班制都可用此方式，教學成本低。
教學特徵	只使用英語。以影像，示範方式，已學過的英語來解釋新教的。	以中文解釋英語的意思。
教學特徵	書不是重點，可不使用書。老師與學生的口語互動是重點。	高度依賴教課書，方便考試。
教學特徵	以主題方式教學，常常根據學生反映狀況而改變，不拘泥制式進度。	重視教學課程的設計，容易規劃進度。
教學特徵	透過常聽，常說，有時老師間接引導，由學生自己理解出文法規則。	直接教英語的文法規則，由文法規則學習語言。
教學特徵	從日常生活中的用語先開始，讓學生能應用。	「讀、寫」內容不侷限日常生活是否用到。
教學特徵	培養學生直接以英語思考，透過句子理解意義，而非以一個一個單字背誦。單字是透過每天的口語練習而自然理解與記得。	教單字，文法，由單字語文法規則構成一個句子。單字是透過翻譯才知道。

③ 台灣英語教育的問題

大家都知道「台灣英語教育」一直做不好，從過去國一才開始正式學英語，逐步推到小一就開始學，已經提早六年，我們投入學英語的時間算是多的，但因為學習方法錯誤，台灣英語程度還是後段班的。

其中問題之一就是：我們並未在語言黃金時期2~6歲就開始好好學英語。所以從國一改到小一就開始學英語，那只是一小步。真正語言學習的一大步，就是改為幼兒時期就開始學英語。

若小一開始以「母語學習法」學習英語其實也算勉強，還搭上黃金時期的末段，然而台灣英語正統教育幾乎都是「翻譯學習法」，而非「母語學習法」。

另外有一些似是而非的觀念，一直鞏固我們錯誤的教學觀念，譬如以下類似的論點：

> 「有人說由於我們英語教育聽說能力不好，所以應該重視聽說，有些補習班就標榜口語能力訓練。其實，英語真正的水準高低還是在閱讀，所有英語國家的學校最重視的就是培養閱讀，在孩子小時就積極培養閱讀能力。閱讀才能決定是否有文化，所以只會說英語是沒有文化的。」

這種論點，鏗鏘有力，甚至還把文化的這個大帽子帶進來，覺得培養英語聽說不重要，反而應該儘早訓練孩子英語閱讀能力。

首先要說的是，拿英語國家為例，根本就是舉錯例子，英語國家的孩子根本沒有「聽、說」問題，他們的教育當然朝閱讀能力加強，學習語言的順序是「聽-說-讀-寫」，這就像食物料理一樣，想要煮得好吃，順序很重要，在幼兒語言黃金時期，先應該好好的將「聽、說」能力培養好，之後再培養「讀、寫」能力。英語國家的孩子也是「聽、說」到了能溝通的程度，才進入閱讀。

台灣的英語教育是「聽、說」根本還差的遠，就直接進入「讀、寫」，結果就是培養一堆英語啞巴。而且再想想看，我們直接進入英語「讀、寫」的孩子，

又有多少人愛閱讀英文書？

另外說到只會說英語是沒有文化的，這根本也是不對的邏輯。文化的培養來源很多種，我們會認為一個會講中文，但卻沒讀過「西遊記」的美國人沒有文化嗎？所以即便我們不會閱讀莎士比亞的詩詞，也不代表我們就沒有文化。

台灣若真正要改善孩子英語溝通的能力，必須要求所有英語課的老師以「母語學習法」來教英語才有救，講歸講，真正執行問題還有很多。翻譯學習法已被公認最沒效率的方式，尤其是口語能力表現非常差，那為何我們還採用呢？歸納來說有幾個原因：

1. **觀念陳舊**：認為我們沒有英語的環境，所以不適合母語學習法，這觀念不只陳舊僵化，還大錯特錯。我們的環境，譬如電視、網路環境早已今非昔比，這些早就不是問題！看看其他英語教育成功的經驗，就知道是我們用錯方法教英語。

2. **習慣使然**：在台灣，絕大多數成年人都是以翻譯學習法學習英語，大家覺得孩子使用翻譯學習法也還好，一代一代錯下去。

3. **爸媽焦慮**：許多專業英語老師也想要以母語學習法教學，但許多爸媽只要覺得孩子聽不懂英語時，就會焦慮：「聽不懂，怎麼學呢？」所以英語老師常常屈服而採用翻譯學習法。有些專業老師將教學重點放在「聽、說」，可是爸媽又擔心讀寫問題，又迫使老師又往錯誤的方式教學。

4. **考試文化**：亞洲人很重視考試，文法、單字、考閱讀不但容易考試，也方便評量，由於我們的文化一向是考試引導教學，導致翻譯學習法受到學校的歡迎及父母的支持，大家送孩子去補英文，幾乎都是為了考試、考試、考試！

5. **師資較容易找**：因為「母語學習法」重視交談，因此所需要的英語師資程度高。然而「翻譯學習法」所需要的英語師資程度不需這麼高，當老師離職後，也容易找到替代的老師，這是經營上的現實問題。

6. **教學成本低**：翻譯學習法成本可就降低許多，可以採大班課，100人都沒問題。但母語學習法要讓學生有充分口語練習，必須採成本較高的小班制。目前台灣一班學生幾乎是20～30人，所以也不利於母語學習法。

7. **教育產業**：「翻譯學習法」實施數十年，出版事業，師資培訓，教學體系，包括正式學校，補習班等等，都已經形成環環相扣的龐大生態，要做出改變是不容易的事情。包括英語老師想要以母語學習法教學，常常也因為學校規定而無法發揮。

在本書中不會談英文「讀、寫」如何學習，再度強調不是「讀、寫」不重要，而是本書的重點在於「寶寶」這個階段，而且重點在於「我們出問題」的部分：英語「聽、說」的啟蒙教育。

PS. 在本書準備出版前，聽到一個絕佳消息，教育部在2018年10月宣布一個重要政策：『中小學英語課擬全英語教學』，終於有腦袋清楚的決策者做出正確的決定！

在學英語的政策上，我們將從一個『跛腳』轉向『正常』的語言教育！當然反對的聲音絕對是很大，譬如師資缺乏，現有許多英語老師能力不夠如何輔導？教材如何更改？會不會換湯不換藥？我想10～15年的過渡期是免不了的，希望政府要不畏困難持續改革，堅定朝著正確方向邁進！

4　對的選擇，只是邁向成功的一小步

　　讀到這裡，我想大部分爸媽都會支持「**正確方法**」學英語：
讓孩子在「幼兒時期」，而且是以「母語學習法」學英語，
重點在培養「聽說」能力。

　　但對的選擇，只是邁向成功的一小步，但你的孩子至少有超過一半的機率是以不正確方法學習，最後還是重視讀寫，文法的非口語學習，為什麼會這樣呢？原因包括：

　　我們英文教學整個大環境是不健康的，用錯誤的教法佔了大多數。
　　標榜考試成績的教學還深深吸引著你，不是嗎？
　　許多父母就算知道「正確方法」為何，但仍無法拋開舊觀念。
　　多數爸媽不相信孩子有那麼聰明，真的可以用母語方式學習英語。
　　懷疑如果缺乏英語環境，孩子真有辦法用母語方式學習英語嗎？
　　支持「母語學習法」，但心中想著「翻譯學習法」有這麼差嗎？
　　急著讓孩子學認字，寫字，深深以為會認字、寫字才是值得驕傲的。
　　不清楚以母語方式學習英語要注意什麼？
　　不知如何選擇「母語學習法」的教材？常常選擇了以讀寫為主的教材，…等等的問題。

　　為什麼你決定讓孩子在「幼兒時期」以「母語學習法」學英語，卻還不一定能以正確方法學英語？
　　原因是**多數人雖知道正確觀念，卻仍被許多錯誤觀念干擾！**
　　再來就算吸收正確觀念後，作法卻仍**沒照著正確觀念執行**。

　　接下來的章節，就是要點出這些問題！

缺乏英語環境，我的孩子真有辦法用母語方式學習英語嗎？

　　大部分爸媽也知道最好用母語學習法，**但還是有許多父母還是抱持著「真的可以嗎？」的疑問。**

　　有些學者也說，我也贊同母語學習法啊！但問題是我們沒辦法啊。甚至主張我們不可能教出如美國人的英語程度，那就沒必要用母語學習法這種謬誤的想法。

　　沒錯，我們不可能如美國一樣，創造100%英語的母語環境，但即便給孩子只有10%，甚至5%英語的母語環境，就能對孩子學習英語非常有幫助！**因為一旦啟動孩子母語學習英語的開關，孩子學習英語時就會大大增加母語學習的模式，而減少翻譯學習的錯誤模式。**

◎什麼叫做「母語學習」的模式？

　　以我自己為例，我小時候家裡及幼兒園大多講國語，但也有5~10%台語環境，因為小時候是以「母語學習」的方式接觸台語，當我看到台語布袋戲時，自然就會以「母語學習」的模式學習台語，雖然我台語講得很差，當我講台語時仍然以「台語思考」方式講出台語。

　　只要你小時候直接學過台語，雖然台語講得不好，是不是仍然以「台語思考」方式講出台語？

　　同樣的道理，**讓孩子在幼兒時期啟動母語學習英語的「開關」，孩子在長大學習英語時，就會偏向用英語思考。**

◎什麼叫做「翻譯思考」的模式？

　　也以我自己為例，我國中一年級才開始學英文，學校就是採用翻譯學習法。

每次我要講英語時，腦筋一定就是中文思考，再去翻譯成英語，邊想要講什麼話，又要立即翻譯成英語，當然講得差。我花在英語的時間絕對是我學台語的四、五倍時間，但我英語的聽說能力就是比台語差很多！

所以父母要把握一個重點：

在孩子語言黃金時期時，就要啟動孩子「母語學習英語」的模式，

以後孩子學習英語就事半功倍，而且能用英語思考。

啟動孩子「母語學習英語」的模式

要啟動孩子「母語學習英語」的模式，只需要給予孩子5%～10%英語的環境，即便父母都不會英語也都沒有問題。

一旦啟動孩子「母語學習英語」的模式，當孩子看英文卡通時，就會想去聽英語，英語就越來越好，產生良性循環。但若養成「翻譯學習英語」的習慣，孩子看英文卡通時，就會完全依賴中文字幕，耳朵也不怎麼聽英語，而且隨著年紀越大排斥越明顯。

要如何創造至少5%～10%學習英語母語的環境給孩子呢？其實不難。

我們在之後會討論如何增加母語的環境，重點是：

我們沒有100%英語的母語環境，所以更應提供孩子多一點的英語環境，

譬如給予孩子5%～10%英語的環境，

而不是放棄！

6 我孩子夠聰明以母語學習法學英語？

　　許多爸媽並不相信孩子可以用母語方式學英語。為什麼有些爸媽會這樣想？因為自己的經驗告訴自己，學習外語，就是透過翻譯方式來去學習外語，不然如何懂得外語的意思，更何況連文法規則都不一樣，連我們大人都很難以「母語學習法」學英語，小孩真的可以嗎？

　　我跟爸媽解釋其實孩子是語言的天才，真的不用擔心，但爸媽們還是半信半疑，**最後我想到我家的狗，我怎麼教它懂得英語命令。**

　　我問這些爸媽如何教家中的狗「過來」？

　　他們說：「就是透過揮揮過來的手勢，同時開心地告訴狗：過來，反覆幾次之後，狗狗就懂得了」。

　　然後我再問：「那你如何教狗聽懂英語的『過來』：come here!」他們楞一下不知如何回答，後來想了一陣子說：「也是一樣吧，做手勢同時說come here!」。

　　爸媽為何會楞一下不知如何回答？因為他們就想以教孩子的方式告訴狗：「過來就是come here，come here就是過來」，後來想一想就算講一萬遍，狗也學不會。

　　如果狗都能以母語學英語，你還怕孩子沒辦法？

　　我還告訴大家，我家那隻狗聽得懂三語：國語、台語、英語。

　　有句話講得很好：

　　請不要折斷孩子的翅膀，還要責怪孩子不會飛翔！

　　孩子出生後都帶著一雙翅膀，是具有語言天分的翅膀，**孩子出生後，本能就是以母語學習法學習語言，是大人硬要他們以翻譯學習的！**

　　☞相信你的孩子是語言天才，孩子能以母語學習法學英語！

母語學習法就是用「猜」的方式學會語言！

前面有說過，嬰兒就是靠「猜」學會第一個語言。

什麼是母語學習法？就是用「猜」的方式學會語言。但其實母語可以不只一種，許多民族譬如馬來西亞華人，猶太人等從出生學三種母語是很正常的。

幼兒在語言黃金時期，就是用猜的學語言，什麼語言對他們來說都沒問題，都是用猜的，**幼兒就是解密的天才，但前提是要有「配合的影像情景」，而且動態影像最好。**

譬如媽媽告訴孩子「坐下」的發音，同時媽媽身體也跟著坐下，重複幾次之後，孩子透過眼睛的觀察，以及耳朵的聆聽，來學會「坐下」這個聲音的意義，這時就形成「語言」。

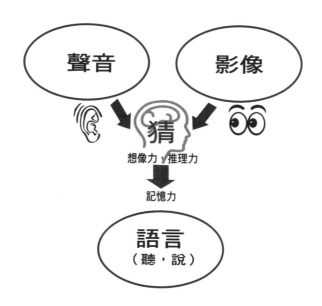

什麼是「語言」？簡單來說就是幼兒聽到「嘰哩呱啦」的聲音，透過「情境影像」的引導，「猜對」之後，就形成了「語言」。

　　這裡所說的「情境影像」最好是「動態影像」，因為動態的影像能讓孩子吸取更多的資訊。因此若是念英語繪本給孩子聽時，父母應該要加上一些動作甚至表演給孩子看，來彌補書上「靜態圖」不足的資訊，這樣孩子才容易猜出你在說什麼。

　　學語言時，孩子不只是在「聽」聲音，也在「看」影像，然後「猜」意義。

　　有些人覺得要增加聽力，就不斷的播放英語（又稱「磨耳朵」），但須知道的是「磨耳朵」確實可讓孩子熟悉英語的音調，對於聽說會有幫助，但沒有影像的引導，孩子是無法理解意義的。德國的一位英語教學專家Puchta博士，他也指出光「聽」不「理解」在語言學習上沒有什麼價值，所以一定要**「影像情景」的引導**，這就是為什麼之前說「影像」佔語言學習83%的重要性。

　　幼兒的大腦在這個時期就像天才般，透過多感官輔助，能迅速猜出「影像」與「聲音」之間的關係，就像解密一樣，而且腦子就像海綿般記得這些聲音，因此可以驚人的速度累積語言的能力。

　　☞語言黃金時期是指「聽、說」能力，再更進一步的說這能力是指：
　　孩子能以天才方式猜出「影像」與「聲音」之間的關係。

　　由於「母語學習法」是以不斷用「猜」的方式學語言，因此不斷的使用「想像力」以及「推理力」。有研究指出因為猶太人幼兒時期很多都同時學三種語言，而且都是以「母語學習法」學習語言，難怪猶太人語言能力不但強，智力也高。

8 原來語言學習，就是超高等的「智能遊戲」！

在說下面故事之前，請你請先好好想一想，剛學新語言時，

「聽」與「說」哪一個比較重要？

「聽」與「說」哪一個比較難？

不知你的答案是什麼？先讓我分享這一個故事。

有一年，我為了推廣PadKaKa參加香港玩具國際展，PadKaKa是透過「卡

片」與「卡通」學習語言的教材，
也強調使用母語學習法學英語，由
於玩具展沒有「語言學習區」，所
以我們被安排在「智能遊戲區」，
很奇怪吧？

一天有一位美國買家逛到我
們攤位，因為他對PadKaKa很有興
趣，所以聊得蠻久的，當我們快結
束談話時，我隨口說說：「真的
好奇怪，我們的PadKaKa是語言學
習，竟然被安排在智能遊戲區？」

PadKaKa：透過「卡片」與「卡通」
學習語言的工具

這位老兄聽了之後睜大眼睛告訴我：「當然啊！**學習語言的過程，就是高度
啟發智能啊！**」然後他告訴我一些道理，也透露他是幼兒語言學習方面的博士。

聽完之後，我真的是恍然大悟！

我整理一下他所說的，然後融合我所理解的，看看大家覺得有沒有道理？

大家想一想，我們學習一個新語言困不困難？哪個智能遊戲像學語言這麼
難？

當孩子透過母語學習法學習語言時，需要高度使用「想像力」以及「推理力」，才能瞭解聲音的意義，並大量的透過記憶區記憶聲音，以及聲音對應的影像。而且孩子腦筋還大量應用「歸納力」理解句型及文法，並透過「置換法」舉一反三，變出大量的句子！

譬如孩子知道「你想吃蘋果嗎？」的意思，有一天媽媽說：「你想吃香蕉嗎？」，孩子就可以理解「你想吃香蕉嗎？」的意思，也會問媽媽：「妳想吃餅乾嗎？」，「狗狗想吃冰淇淋嗎？」

回到前面的問題：

「聽」與「說」哪一個比較重要？

「聽」與「說」哪一個比較難？

現在，你的答案是？

「聽」是幼兒語言學習的關鍵步驟：

語言學習的順序是「聽」、「說」、「讀」、「寫」，幼兒語言學習時期的重點在「聽」與「說」。大人們都很喜歡將焦點放在「寶寶何時能說？」，**其實只要「聽得懂」，「說」就簡單多了。**讓我們想一想，譬如你能聽得懂法文的某一句話，那要說出那一句話一定沒問題，**因為「說」只是模仿聲音的過程，**所以**「聽」是「說」的基礎，爸媽們千萬不要以為聽不重要，「聽不懂」又如何會「說」呢？**

這就像騎腳踏車一樣，輪胎的氣要充飽，腳踏車才能騎得快。聽得懂，說就能水到渠成，所以「聽」的過程是關鍵。

所以語言的基礎在於聽得懂，而聽得懂是學語言一開始最困難，也是最重要的步驟，因為以母語學習法學習語言的「聽」，不只是「聽」，而是必須以「想像力」和「推理力」，再配合「情境影像」的引導，來「猜出」聲音的意思，而且要常聽，自然就能記憶下來。

父母最容易忽視的就是孩子「聽」的過程！在學習新語言時，要給孩子大量的時間聽，但孩子不只是在「聽」聲音，也必須在「看」影像，然後「猜」出意義來，這個過程是學習語言的關鍵！所以「輸入（聽）」絕對要大過於「輸出（說）」，我們不該期盼孩子聽了單字或句子幾次之後，孩子就應該學會了。

（聽＋看）➡ 猜 ➡ 理解語言

但如果孩子以翻譯學習法學習語言時，孩子聽到英語，並沒有去猜，而就透過中文理解英語聲音的意義，只需使用記憶力記住。

語言學習，就是超高等的「智能遊戲」，因為：

「母語學習法」的「聽」，不只是「聽」，而且能培養孩子的智力！！

從發展孩子的智力角度來看：「母語學習法」遠遠勝過「翻譯學習法」！

「翻譯學習法」等同於直接給答案，而「母語學習法」就像讓孩子去解題，孩子當然變聰明。很多爸媽都花不少錢買「智能遊戲」給孩子，但千萬不要忘記，學習語言本身，就是超高的「智能遊戲」，以「母語學習法」學習英語，也就是在啟發孩子的智能。

智能發展可以晚一點嗎？

　　希臘哲人亞里斯多德有一天受朋友之託，要亞里斯多德當他孩子的老師，亞里斯多德問他的孩子幾歲，朋友說剛滿3歲，結果亞里斯多德回答：「已經太晚了！」

　　亞里斯多德會不會太誇張了？幼兒的智力發展有這麼早嗎？晚一點會怎樣？

　　孩子出生時，腦容量是成人的25%，一歲時到達50%，兩歲75%，到了3歲時已經是90%，這就是為什麼孩子頭的比例比較大！嬰兒最先發展的就是腦部，而且成長迅速，不像手腳等肌肉是緩慢成長。

　　而在智力的發展上，0到8歲是關鍵期，其中0到3歲更是關鍵。成人大約有1000億個腦細胞，你知道腦細胞大部分在什麼時候就長出來了？在媽媽肚子裡五個月大時！每個腦細胞大約與其他5000個腦細胞連結，連結越多智力越發達。腦子在發展時，尤其在關鍵時期（Critical Period, 黃金時期）若無使用，許多連結就會被斷掉，因此專家建議在嬰兒出生時，甚至在懷孕時就盡量用語言去「刺激」嬰兒的大腦發展。在科學實驗中，若小貓咪出生後就將它的眼睛蒙住幾個月，小貓咪終生就有視力障礙。

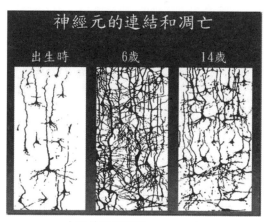

（引自王秀園，2004）

　　神經元與神經元間的相互連結，連結得越細密，訊息的溝通就越有效。8歲之前，環境愈豐富、連結就愈多，11歲之後神經元連結放緩，有用的連結被保留，沒用的連結被刪節（凋亡）。

　　同樣的有的嬰兒出生時先天白內障，若在前幾個月立刻動手術，長大後視力

就都沒問題，但是若不即時動手術，雖然之後還是動手術去除白內障，可是小孩終生就有視力障礙，這是因為視力腦細胞在關鍵期沒有被正常的刺激（因為白內障阻礙），因此視力腦細胞就永遠被弱化了。

同樣的在老鼠實驗中，一組老鼠在出生後，給他們豐富的環境，譬如有玩具、音樂等等刺激。而另一組老鼠在出生後就放在一般籠子裡，結果在豐富的環境的小老鼠，他們的記憶力與感知能力發展優秀很多。那麼出生後就放在一般籠子裡的小老鼠，之後可以「再教育」變聰明嗎？就像亞里斯多德說的：太晚了！

錯過，就永遠錯過了！！

當然我們不可能對孩子做如同老鼠的實驗，但有一些不幸的孩子從小被關著不與人接觸，甚至跟動物住在一起，後來這些小孩雖然被救出來，但研究發現只要在黃金時期沒有接觸語言，終其一生最後只能學會一些簡單的單字、短句，無法正常溝通。而且尤其母語學習是運用到大量的「想像力」，「推理力」等等，**學習語言本身就是幼兒智力開發很關鍵的角色，因此這些不幸的孩子由於沒有學習語言，終其一生智力都如5～8歲小孩**，其實跟狗的智商差不多。

有人說「IQ智力」是天生的，這句話最多講對一半，「IQ」的確跟基因有關，但0～8歲的關鍵期對智力影響非常大。這就是為什麼從小學雙語或三語小孩智力較高的原因。我們想想，在四歲之前的孩子，刺激孩子腦袋最多的是什麼？不就是語言嗎？**使用孩子最天然的方式：母語學習法，才是最有效的智力發展！愛因斯坦也贊同：「一個人智力的發展和思維，在很大程度上取決於語言」。**

尤其是腦神經科學與儀器越來越發達後，**「黃金時期」已經不只是統計所得到的推測，而且是科學的證實。**在孩子幼兒關鍵時期接受音樂的刺激、肢體的練習、語言的學習等，都有助於腦神經的連結與發展，長大後對於相對的能力都有較好的能力。

智力培養在幼兒期才有效，若錯過，就永遠錯過了！

⑩ 母語學習法才能建立真正的語言體系！

　　許多人學了10多年的英語，累積英語字彙五、六千字，但要一開口講英語，就結結巴巴，遠不如一個只會三、五百個英文單字，卻只學兩年的小孩。

　　其實我就在說我自己，學了多年的英語卻無法開口。大學畢業後，我想去美國留學，所以想用一年時間好好練習開口講英語。我那時想到我一位小學同學，他是某師範大學英語系畢業，在國中當英文老師，所以就找他練習。一天我請他吃飯，我跟他說，「我們現在開始用英語交談，但你千萬別笑我。」沒想到我同學反而很緊張。他說他真的不會講英語，我以為他在開玩笑，他是英文老師耶！後來跟他講了幾句，發現我講的比他還好，真的不是我厲害，是他真的幾乎開不了口，我同學「Oral Reading（唸，朗讀）」課文相當順暢沒問題，但卻沒辦法「說」英語。

　　照著課文「唸」英語，跟「說」英語是完全不同的！

　　更誇張的還在後頭，我到了美國之後我決心要逼自己多講英語，我在紐約哥倫比亞大學唸書，那裡台灣留學生很多，喜歡聚在一起，所以說英語機會就少多了。我告訴台灣同學我們聊天時盡量用英語，可是就是沒有人要跟我說英語，因為大家都不想出醜，所以就越不敢說。

　　有一次我認識一位同校就讀「英語教學（TEFL）」博士班的台灣同學，我想至少他會願意跟我講英語了吧？可沒想到他說他不敢講，我講得已經很差了，結果他更差！如果連英語博士班候選人，都無法講英語，我們的英語教育是不是出了大問題？

為什麼學了10年英語，我們講英語是如此結巴，因為使用「翻譯學習」英語的我們，說英語的順序是這樣的：

腦子先想好中文→翻譯成英語→再說出英語

這麼複雜的程序，邊想邊翻譯，說英語當然很難。

而聽到對方的英語時，理解的對方的順序是這樣的：

聽到英語→翻譯成中文→腦子理解中文的意思

因為要一直翻譯，所以常常來不及聽到對方下一句說什麼。

在留學之前，我一直嘗試練習說英語，因為沒人練習，所以自言自語練習講英語，但腦筋一定就是中文思考，再去翻譯成英文，才講出英語，從小到大學，我已經養成中文思考的習慣了，怎麼改也改不過來。

後來我突發奇想一個方式：**用圖像思考，不要用中文思考。**

我想到什麼的時候，就先想一段影像，然後用英語描述這些影像。

譬如我腦子先浮現「我喜歡蘋果」的**圖像**，然後我再用英語描述**圖像**：「**I like apple.**」

我不知道有沒有人跟我一樣？但這招對我有用，我漸漸戒掉一定要用中文思考的習慣了，但花了好幾年的時間，最後我也不需要先想圖像了，大多能用英語直接思考。有人說如果夢到自己能用英語聊天，就代表真的能以英語思考直接說英語，這是真的！終於有一天，我夢到跟老外直接講英語，還講得很溜呢！

直接以英語思考直接說英語

之後我開始研究母語學習法時，我才恍然大悟，**原來我當時用圖像思考，事實上就是重新啟用「母語學習法」啊！**還記得母語學習法的重點嗎？就是靠圖像來理解語言，圖像事實上就是傳達思考的一種最原始的方式。

用「猜」的方式學語言才是真正學語言，在大腦中形成真正的語言體系，翻譯學習法學英語主要是在大腦建立了「中英語翻譯對照表」：

「翻譯學習法」腦子裝的東西

「母語學習法」腦子裝的東西

真正在腦子裡建立「**英語語言體系**」，才能**直接以英語思考直接說英語**。

能用英語思考，開口就簡單了。道理很簡單，**講話就是『想什麼』→『講什麼』**，這是腦部講話的運作機制，所以建立孩子『英文腦』，孩子自然願意開口說英語。

我再以更簡單的圖表達「翻譯學習法」與「母語學習法」得差異：

「**翻譯學習法**」腦袋瓜，對於「蘋果」與「**apple**」是這樣處理的：

而「**母語學習法**」腦袋瓜，對於「蘋果」與「**apple**」是這樣處理的：

「apple」在腦子裡的意義是「蘋果」的個影像，對腦袋而言，「蘋果」的影像叫「蘋果」也叫「apple」。

德國英語教學專家Puchta博士也指出以英文思考的關鍵，就是學習英語時要跟影像連在一起，也就是必須採用母語學習法。譬如老師或父母教孩子說：「Raise your arms.（舉起你的手臂）」，這時老師邊講「Raise your arms.」邊做舉起手臂的動作。其實這個道理我們在教孩子中文時就是這樣的，教英語時，當然也要將英語與影像直接連結，這樣才是能建立英語語系！

寶寶在幼兒時期以母語學習法學英語，長大後就容易養成以母語學習法繼續學英語，甚至以母語學習法學其他外語。當然孩子上了小學之後，因為我們小學教育絕大多只重視讀寫，因此家長仍應讓孩子多接觸英語環境，譬如**上口語班、多看英語卡通（最好不要有中文字幕）**，這是因為語言久沒使用就容易退步。但好消息是，即便一段時間沒開口說英語，孩子長大後，幼兒時期用對學習方法的孩子，會很容易恢復講英語的能力！

不用翻譯學習，將英語與影像直接連結，孩子才能直接以英文思考，自然就容易開口說英語，這是孩子願意開口說英語的關鍵。

如果孩子的英文學習是『中翻英』，孩子無法以英文思考，而要先想中文再翻譯英文，當然就不想開口說英語，其實不管是小孩或大人都不想開口，因為這不符合『想什麼講什麼』的講話習慣。

改變台灣孩子的英語說話能力，從父母觀念轉變開始，你的選擇對孩子很重要！

☞還給孩子原本學習語言的天賦：「母語學習法」！
　「母語學習法」才能在腦中建立真正的「語言系統」！

重點整理

- 「翻譯學習法」是以「讀」與「寫」作為學習語言的重點！

- 「自然學習法／母語學習法」是以「聽」與「說」作為學習語言的重點！

- 「幼兒時期」要用「母語學習法」，因為「聽」與「說」是幼兒學習語言的重點！

- 會「聽、說」才是真正學會語言。

- 在孩子語言黃金時期時，就要啟動孩子「母語學習英語」的模式。

- 我們沒有100%英語的母語環境，所以更應提供孩子多一點的英語環境，譬如給予孩子5%～10%英語的環境，而不是放棄！

- 相信你的孩子是語言天才，孩子能以母語學習英語！

- 為什麼幼兒會自己學語言？因為好奇，而且他們真的很會猜！！

- 母語學習法學英語的特徵就是只用英語，而靠影像輔助教學。

- 幼兒在學習語言時，視覺的吸收率占了83%的重要性！

- 母語學習法就是用「猜」的方式學會語言！

- 在黃金時期時，幼兒能迅速猜出「影像」與「聲音」之間的關係。

重點整理

- 父母最容易忽視的就是孩子「聽」的過程！

- 孩子「聽」的過程，也必須在「看」影像，然後「猜」出意義來，這個過程是學習語言的關鍵！

- 「聽」是「說」的基礎，「聽得懂」，「說」就簡單多了，爸媽們千萬不要以為「聽」不重要，「聽不懂」又如何會「說」呢？

- 英語啟蒙階段，「聽」不但是最關鍵而且是最難的，這是因為以「母語學習法」學習語言的「聽」，不只是「聽」，而是必須以「想像力」和「推理力」，再配合「情境影像」的引導，來「猜出」聲音的意思，而且要常聽，然後自然記憶下來。

- 使用「母語學習法」可以大大刺激孩子的想像力與推理力！

- 從發展孩子的智力角度來看，「母語學習法」遠遠勝過「翻譯學習法」！

- 學習語言本身就是幼兒智力開發很關鍵的角色。

- 使用「母語學習法」才能在腦中建立真正的「語言系統」！

第三章

如何幫助孩子
學習英語

幼兒學習時，父母最需要的正確觀念是什麼？

雖然本書的主題是談幼兒英語，但一定得瞭解幼兒學習的一些基本注意原則，譬如「在玩當中學習」就是幼兒學習的重要原則，所以學習英語當然也應該玩中學習，讓我們一起來瞭解：

「幼兒學習」有哪些基本注意事項呢？

1. 在玩當中學習。

2. 多鼓勵，讚美。

3. 陪伴。

4. 主動學習。

◎在玩當中學習：

大家看過小狗、小貓出生後的樣子吧，對什麼東西都感到好奇。小狗、小貓在一歲之前（相當於人類6歲之前）特別愛玩，也在玩當中自然而然學習了所需要的技巧。

我們的孩子，不也是一樣嗎？6歲以前，我們該讓孩子盡情的玩，而學習就融入玩當中。「玩」帶給孩子一個最重要的禮物：開心、快樂，這對孩子的心靈成長是無比的重要。另外「玩」也帶給孩子學習的興趣與動力。

所以，你會怎麼挑選幼兒園？

一種是比較像小學的「制式的課程」，要求孩子乖乖坐在椅子上，聽老師講解，練習寫字；幼兒園告訴你，不要讓孩子輸在起跑點上。

另一種是強調從玩中學習，課程是透過玩耍學習，經常堆積木、玩遊戲，上課時也是蹦蹦跳跳，沒有什麼要寫的作業。

　　教育學家，科學家經長期觀察發現，太早接受「制式的課程」反而適得其反，造成幼兒在情緒，認知的發展緩慢，造成許多壓力與阻礙孩子學習的動力，也容易導致孩子慣於被動接受知識，當個跟隨者。然而在幼兒園時期，透過玩學習的孩子，在情緒管理、探索及創新的能力比較好。

　　一位劍橋大學的專家研究這個問題數十年，發現幼兒需要透過玩，來學會「堅持」，學會控制「注意力」與「情緒」。

　　專家也指出，7、8歲之前，孩子最好都是「經過探索來學習」，而非「老師講解式的學習」。

　　有些大人認為玩是浪費時間沒有效率，這真是大錯特錯的觀念。**其實最偷懶的教育就是死板的方式**，最差的教育就是搞壞了孩子學習的「胃口」。將玩樂融入學習過程才是難度最高的，教學方法與教材設計者都是要非常有心，也往往要耗費數十倍的精力與經費才能達成。

　　如果小狗、小貓都能開開心心的玩耍，自然就可學習。我們的寶貝不也應該開開心心的玩耍，帶著好奇，在玩樂當中學習？

　　☞玩是孩子最重要的學習方法，也是他們最認真的時候！

◎多鼓勵，讚美：

沒有人不喜歡被讚美的，一個讚美，可讓人一天充滿陽光，而且花費的代價僅僅是：「講一句話」！

當孩子還很小時，牙牙學語說中文，雖然常常也聽不懂他們在說什麼，但每一個爸媽都還是讚美孩子，鼓勵孩子說，所以孩子也學得快。**等到孩子較大之後開始學英語，也同樣要多讚美，鼓勵孩子**，而不是責罵孩子學不好，或甚至逼迫孩子學習，這樣反而讓孩子心中討厭學英語。

最新的教育心理學研究認為，孩子們的自信與自尊程度，是深深影響他們的學業、感情、社交、工作、甚至我們將來的成就。孩子是建立自信心的階段，父母應該多讚美，鼓勵孩子，這對孩子的未來會有很大的幫助！

☞會讚美他人的人，就像天使。

☞父母就是上帝派給孩子的天使，讓我們多鼓勵孩子吧。

◎陪伴：

一幅再熟悉不過的畫面：

當你到客廳，孩子就想到客廳，當你在使用電腦，他也想爬上椅子，依偎著

你看你在做什麼。他要睡覺時，他希望你陪他入眠，希望你講那講了一百次的故事！孩子最需要什麼才能安心睡覺？是「愛」，而你的陪伴就是那個「愛」。

孩子在0～6歲之間是需要父母高度的陪伴，他們的情感世界，最重要就是父母。

當孩子在學習時，他們也希望你的陪伴，因為當他們感到有成就時，他們想分享喜悅給你。當孩子遇到挫折時，他們需要你告訴他「沒關係」，甚至更好的是聽到你說「好棒！」，給他們一個擁抱，讓他們感到失敗沒什麼，又充滿信心，在挫敗中站起來。

☞ 就讓孩子黏著你吧，因為，你的孩子需要你的陪伴。

嬰兒一生下來就需要玩伴、一開始父母就是孩子很好的玩伴，接著3歲之後同年齡玩伴會越來越重要。有時孩子自己一人不想學習，但奇怪的是**好朋友一起學的話，他們學習的意願就馬上提高**，所以父母也該注意安排孩子的玩伴。

◎主動學習

每位父母都希望能幫助孩子學習，但錯誤的觀念，反而幫倒忙。

在學習觀念上，聰明的父母一開始就知道「強迫學習」與「主動學習」非常

不同。「強迫學習」往往只會培養出被動學習的孩子，而「主動學習」才能真正啟發孩子的大腦。

　　學習對於孩子來說是「**我要學**」還是「**要我學**」？雖然都是三個字，但效果相差很大。

我要學
（因為有興趣）

要我學
（因為沒興趣）

　　「我要學」是因為孩子自己感到有趣，學習時不但認真，而且大腦的潛能還會被激發出來。舉例來說，孩子喜歡玩車子，孩子就會主動瞭解各種車子的不同，叫什麼名字，為什麼某一部車跑比較快，車子的配備是什麼，怎麼控制車子，然後問爸媽一堆問題！

　　如果是強迫孩子瞭解車子，或是枯燥無趣的方式要孩子背誦車子的種類，孩子最多只是在背誦，根本不會啟發孩子大腦的其他潛能。

　　俗語說的好：「**強按牛頭不喝水**」，就是這個道理。

　　我舉自己孩子為例，我的孩子在四、五歲時，當時他對一本介紹「機器人」的書很有興趣。這本書超級無趣，書中就是平鋪直敘的介紹二十多種機器人，譬如「特拉斯機器人」是1986年在日本大阪被製造出來的、身高多少、重量多少、有什麼武器配備、特長是什麼、弱點是什麼、參加過哪些戰役之類的敘述。這本書不像其他故事書，這本書就像個機器人規格書，我覺得實在有夠無聊的。

但我孩子一次次要我唸給他聽，但我很希望他要我唸其他繪本，因為其他繪本有趣多了。每次他要我唸這本機器人書時，我都嘗試說服他唸其他繪本，但他還是很堅持要聽這本書。還好，我沒有拒絕孩子的請求，忽然有一天他不找我唸了，自己開始看那本書了，但偶而跑過來問我某幾個字怎麼唸，這時我才知道原來他已經學會書本大部分的字。我有點不敢相信，因為家裡、幼兒園從來沒有教他學認字，他竟然就自己學會了。

我萬萬沒想到這本「超級無聊」的書，就當我一個個字唸的時候，他就自然知道每個字的意義。我的孩子還沒有受過正統認字學習之前，就認得上千字，我當初以為他是天才，直到他漸漸長大後我才知道他不是。

☞**這就是主動學習的威力，天才般的學習是因為主動學習啊！**

所以大人要讓幼兒多探索他眼裡的世界，尊重孩子的天性讓他自己探索，那本我認為「超級無聊」機器人的書，對我孩子來說卻是本天書：激發我孩子的熱情、好奇心，想像力，以及對認字的興趣。

知名教育學家「蒙特梭利」提倡一個重要教育觀念：「不教」的教育。強調以兒童為本位的教育，大人則扮演協助、引導的角色，大人有時要克制「幫」孩子的衝動。譬如孩子在綁鞋帶時，一遍又一遍綁不好時，只要孩子沒有向你求助，爸媽要克制自己，不要介入幫忙。當孩子主動做一件事時，是「不是學習的學習」，是最棒的學習！

上面所說的在玩當中學習，多鼓勵、讚美，陪伴都是主動學習的正面推力，無論學習什麼，我們做為父母，或老師的都應該注意以上四個基本觀念，否則學英語的方法再好，都會大大打折扣的，最糟的還不是英語學不好，而是讓孩子身心發展產生偏差了。

談談孩子的專注力

寶寶在幼兒時期,有時爸媽會感覺為什麼孩子常常只有三分鐘熱度,主要有三個原因:

1. 純粹沒興趣,覺得不好玩:想想如何以好玩的方式來學習,或是改換其他種學習教材。有時是時候未到,要多觀察並發現寶寶的興趣,先從寶寶有興趣的開始。

2. 孩子年齡越小專注力時間本來就短:2歲寶寶的平均注意力大約只有7分鐘,到了5歲時約15分鐘,所以父母不要以30分鐘作為標準,應該讓孩子休息一下。

3. 因為「分心了」:以大人眼光來看孩子容易分心,這是因為大人懂得注意力集中在他們現在的「任務」上。對孩子來說,環境充滿了許多讓他們好奇的事,所以與其說是分心,其實是他們的好奇心會引導他們注意新鮮事。

一些避免分心的原因如下:

不要突然打斷:

譬如當寶寶正在認真看英文卡通時(學英語很有效的方式),本來聚精會神的,但旁邊卻有人打開電視,或是哥哥姐姐在一旁玩其他玩具等,寶寶自然對周邊發生的事情產生好奇。或是在唸故事給孩子聽時,卻常常問孩子要不要喝水?要不要上廁所?寶寶的注意力自然就會分散。爸媽應將寶寶置於一個安靜、不受干擾的環境,一次就專注一個活動。

爸媽過多的干涉:

譬如當寶寶正在認真看英文卡通時,你卻常常問孩子懂不懂?要他馬上解釋給妳聽。父母關心陪伴本來是一件好事,但本來孩子認真看英文卡通時,需要很高的專注力在理解英語在說什麼,父母自以為是的錯誤指導,反而干涉孩子的主動玩耍的自由,其實你只要在旁邊陪著孩子看英文卡通即可,除非他問你問題。

更棒的是爸媽把自己當孩子一樣，一起跟孩子學，孩子更容易融入。

　　有時候父母的干涉是因為沒有耐心，一直催促孩子。對於孩子來說，絕大多數的體驗都是第一次，是需要比較多的時間去探索，父母應該多些耐心。

尊重孩子自我選擇：

　　譬如讓孩子挑他想聽的故事，即便已經講過好幾次，孩子聽厭了，自然就會換別的故事。因為是他的決定，專注力就會比較高。如果爸媽替孩子決定，結果爸媽在講這本故事書，孩子心裡還是想他想要聽的故事，孩子就不會專心。

不要一次給太多選擇：

　　譬如讓孩子學習英語兒歌時。可以先尊重孩子的選擇，選出三首兒歌，不要貪心，然後就讓孩子聽這三首歌。數量到底要多少，因孩子而異，其實也可以一次一首試試看。我一朋友她一天只給孩子選一首歌，孩子每次就一直重複聽跟著唱，不到三歲已經會唱30幾首歌。

　　以玩具來說也是這樣的，爸媽太頻繁買玩具給孩子，孩子就只會專注新的玩具，而且只會玩一下子，就期待下一個新的玩具，因此許多好的玩具就這樣糟蹋了，而且根據研究，一次給太多玩具反而扼殺幼兒創造力。

超過孩子的能力：

　　家長給孩子的任務太多、太難，超出孩子的能力範圍，因為挫折而失去專注，當然也不感興趣。每個孩子成長速度不同，也有不同的興趣與天分，尊重孩子成長的步調，不要一直跟其他孩子比。

爸媽分心了：

　　陪伴孩子絕對可以增加孩子學習效果，但陪伴時爸媽也要專心，否則孩子也會跟著分心。

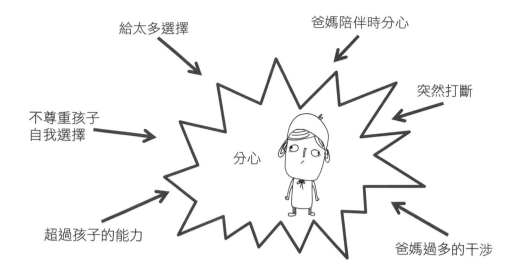

給太多選擇

爸媽陪伴時分心

突然打斷

不尊重孩子
自我選擇

分心

超過孩子的能力

爸媽過多的干涉

簡單來說，記得幼兒就是在玩樂中學習，而且：

☞**當孩子在玩樂中學習時，就是最專注的時候！**

簡單來說，就是給孩子安靜的環境，陪伴但減少打擾，也不要熱心過頭指指點點，當孩子希望分享你他的快樂時再和他分享。

英語也有牙牙學語階段

還記得孩子還小時牙牙學語的時候嗎？

每當他們講話時，雖然他們的發音不是很正確，文法更是遭透了。但當父母的我們，不會一直更正孩子的發音，也不會指正他們的文法，我們高興都來不及，很興奮的聽著孩子摸索說中文，這就是語言學習的最初階段：牙牙學語！

我們如何「鼓勵」寶寶說話呢？即便我們聽不懂寶寶在說什麼的時候，我們甚至還會故意裝懂來鼓勵孩子多說。專家研究，當孩子在學語言時，大人這種高度鼓勵的方式，是能幫助孩子學習語言的。

小孩學中文時，一切都沒問題，

但當小孩開始學英語時，狀況常常不一樣了！

可能是怕孩子學不好英語，或者覺得孩子比較大了，當孩子「牙牙學語」說英語時，有些大人會不斷要求孩子發音要準確，一練再練。而且文法一旦犯錯，就馬上糾正，搞得孩子沒辦法「牙牙學語」學英語。這種不斷的被糾正，難怪許多孩子抗拒學習，更不要說鼓勵他們了。很多研究指出，許多孩子抗拒學習，常常是因為父母或老師的過度期待。

牙牙學語，就像寶寶剛學走路一般，跌跌撞撞的終究會走，若不准孩子跌跌撞撞的走路，孩子如何學會走路？又譬如孩子學畫畫時，如果老師或父母一直挑剔孩子：「這個不像，那個不像，你畫的身體怎麼那麼細？雲應該是白色不是紅色……」，你想這個孩子會想繼續畫嗎？這樣的老師或父母是不是有問題？

其實無論是孩子或是大人，學習語言犯錯是必要的，尤其是「說」的能力。語言不是靠記憶或強迫學習得來的，而是在使用的過程中逐漸熟悉它，**所有語言專家對於初學語言的忠告就是：**

大膽犯錯！

「牙牙學語」就是學習語言時不斷的犯錯，卻是「美麗且必要的過程」！爸媽或老師請記住孩子也是「牙牙學語」學講英語。其實不論孩子或大人，怕犯錯是學習語言的第一大殺手，孩子需要我們無條件的鼓勵，就像他們在學中文時，我們的鼓勵給予孩子！

☞學習語言就是「牙牙學語」，不是要求科學精確！

4 幼兒學習英語的建議方法

有人以「駕駛帆船」來比喻達成目標的過程，駕駛帆船第一步驟就是確定要到哪一個港口，否則風再大也沒有用。

幼兒學英語的目標就是：

以母語學習法學習英語，而不是翻譯學習法；

幼兒英語的重點在培養「聽、說」的能力，而非讀寫。

上述英語學習的正確觀念非常重要，一定要掌握，接下來就是談實際的作法，以下是一些公認不錯的方法：

1. 英語兒歌／口謠：

學英語建議從英語兒歌開始，很多幼兒都超喜歡英語兒歌/口謠，出生後就可以給他聽，不但容易對英語有親切感，而且能熟悉英語的韻律，這對學習英語很重要，英語兒歌最好有影像（如：配合卡通），或是搭配動作，這樣孩子可以略知在唱什麼，也會覺得有趣多了。

2. 多看簡單的英文卡通：

這是非常有效的方式，注意：**英文卡通的發音「必須」是全英語**，選擇孩子喜歡的卡通，這樣孩子才會一看再看，因為「重複學習」對於語言學習非常重的。孩子看卡通時，爸爸媽媽**千萬不要解釋**給孩子聽，你一旦以中文解釋，孩子就只想聽你的中文，不會聽卡通的英語，這樣他怎麼學英語？孩子看卡通時，他幾乎不會問，他正在聚精會神「猜」卡通在說什麼？這就是母語學習法。

3. 英文繪本：

孩子喜歡聽故事，英文繪本可以幫助爸媽說故事，即便爸媽英文程度沒這麼好，只要可以唸出來即可。英文繪本主要不是要給孩子認字，是給爸媽講故事用的，而繪本的圖，是引導孩子去猜你可能在說什麼，所以

孩子還小時，要選圖多字少的英文繪本。另外爸媽可以用肢體語言幫助孩子理解你在講的內容，同樣的爸爸媽媽要堅守母語學習法，不要用中文解釋給孩子聽，除非他問你（可以的話，盡量用英語回答孩子）。

4. 多聽英語，譬如可播放一些英語CD故事：

主要讓孩子熟悉英語音調，譬如在車上，或睡覺前都不適合看英文卡通，就聽聽英語，不必管他聽得懂或不懂，當然若由孩子挑選最好。

5. 選擇幼兒英語輔助教材：

三個重點：

A. **孩子要喜歡**，才能有效學習。

B. **重點在「聽」與「說」**。

C. **教材要選「母語學習英語」**，不是「翻譯學習英語」，也就是不要找那種以中文教英語的教材。

孩子要喜歡

「聽』與「說」

母語學習英語

6. 上英語課：

不管在幼兒園或是英語教室等，有四個重點：

A. **孩子要喜歡上課**，喜歡才有效果。

B. **著重「聽」與「說」**，驗收孩子有無學好「聽」與「說」的能力，不是「讀」與「寫」的能力。許多家長一直有個錯覺，覺得孩子會「讀」與「寫」英文才叫厲害，學校也投其所好，就將重點放在「讀」與「寫」。

C. **老師能與孩子直接以英語對話**（「**母語學習法學英語**」）訓練孩子「聽」與「說」的英語能力，而不是以中文教英語的翻譯學習法。要注意的一點就是，會「唸」課文的英語老師，不等於會「講」英語，你要觀察老師是否能以英語直接與孩子對話。

D. 上課後的功課是什麼？**老師出的回家作業是著重「聽」或「說」**？還是練習寫字？

7. 跟孩子說英語：

　　若父母可以跟孩子說英語的話，就盡量說。父母即便英語不好，英語句子都講不好，沒關係，就講你會的簡單英語也非常好，如：I love you. Good night. 等等。有時夾帶一些英語單字也沒關係，譬如你跟孩子說：「你要吃Apple還是Banana?」。如果你英語不好，你也可以跟孩子一起學英語，因為都是從簡單學起，也可以鼓勵孩子說英語，甚至請孩子當小老師教你英語。

　　上述的方式在台灣絕大多數家長都可以做到，就算家庭經濟普通，至少第1~5點皆可辦到，成效也不錯。

　　要注意的是，學語言強烈建議要**天天學習**，就像天天要吃飯一樣，建議一天至少30分鐘，最好是一小時。挑選上述的方式一天30分鐘很容易做到，譬如看簡單的英文卡通就是很棒的方式。我一個朋友每星期送他孩子去一位很棒的英語老師學英語，但卻覺得孩子學習速度非常慢，理由就是一星期才上一、兩次，每次50分鐘而已。我就建議他每天在家裡至少要給孩子接觸30分鐘英語，爸媽英語不

好也可以做到，就採用上面所說的，聽／唱兒歌，看英語卡通，唸英文繪本，結果英語進步神速！

　　語言專家做過研究，「天天接觸，但每天學習較短」，與「一星期兩次，但每次時間較長」比較的話，天天學習效果好太多了！這是跟人腦學習機制有關，不單是學英語如此，譬如學樂器也是一樣。**孩子上雙語學校當然很好，但因為不是全美語，在家裡的天天學習是非常重要的！**

<u>再次叮嚀，對幼兒來說：</u>
☞「天天」接觸英語，是指「聽」與「說」能力的加強！

　　爸媽在使用上述方法時，要注意不要給孩子壓力，我們教孩子中文時，都很自然。但學習英語時，有些爸媽難免會有期待，但卻造成小孩學習英語時有很大的壓力，所以才抗拒。**因此請爸媽放輕鬆，讓孩子在開心的環境下，自然就學習的好，能吸收多少就多少，爸媽要有「只問耕耘，不問收穫」的心態。**

5 兒歌的重要性

　　我還記得我的孩子還不會說話時，聽到音樂，就會開心的搖著穿著尿布的大屁股，而且是跟著音樂節奏搖擺，我還以為我的孩子特別對音樂敏感，後來才知道幾乎所有的寶寶都是這樣的，還不會講話，就對音樂超有感覺，人類所有的藝術潛能中，發展最早的便是音樂！

　　其實不只人愛音樂，我曾經養過的一隻黑狗就愛某些音樂，還會跟著一起唱歌。蘇格蘭動物福利慈善機構（The Scottish SPCA）最新研究指出，狗和人類一樣有音樂上的偏好。

　　由於兒歌與口謠常常有押韻，容易朗朗上口，能幫助小寶寶自然學會發音，尤其英語要說得好，說話時要懂得連音（Linking）的技巧，英語不像中文是一個一個字講，有時是兩、三個字連起來說，而唱歌能幫助說英語的順暢性。根據研究發現，負責音樂和語言的大腦部位相同，因此透過音樂，對於語言發展都能大大提升。

　　而且**專家也發現「語言遲緩兒」改善的好方法：**
　　就是多聽多唱兒歌！

由此也證實了兒歌對於語言學習的重要性：

☞ **兒歌是啟發孩子發展語言的重要鑰匙**

先從孩子喜歡的歌開始，孩子在唱兒歌時，只要他喜歡唱，不必拘泥孩子是否懂得所有歌詞，當然唱歌時若有影像，或肢體活動的配合，更能增加趣味與語言學習。

其實不只是兒歌幫助了寶寶在語言的發展，包括成年人學習語言也是一樣的。成年人學習新語言時，或是覺得自己的發音不標準、講話時卡卡時，唱歌都是很棒的幫助。你有沒有注意到，通常愛唱英文歌的朋友，英語發音都不錯，而且英語聽說能力也好。以我自己為例，我的台語講得不好，音調也很怪，但是我很喜歡一首〈阿媽的話〉，自己一唱再唱，沒想到也大大幫助了台語的發音。

而且唱歌還有一個神奇之處，如果你說英語無法用英語直接思考，但當你唱英文歌時，你會直接唱出而不透過翻譯，而且你完全知道歌詞的意義，因此唱歌也有助於「母語學習法」的發展。

兒歌的好處真是說不完，至少有八大好處：

1. 寶寶在學習一種語言前，先從兒歌開始是很棒的方式！
2. 有押韻，容易朗朗上口，寶寶覺得好玩！
3. 兒歌短，寶寶學起來簡單，增強了寶寶的自信心！
4. 兒歌讓孩子熟悉語言的音調，不知不覺就能培養很好的口語發音技巧。
5. 兒歌所表達的故事大都很好玩，寶寶主動學習心高，許多字彙自然學會。
6. 許多兒歌還配合肢體動作，不但增加趣味，也增加寶寶的感覺統合能力。
7. 兒歌是很適合團體教學活動，許多寶寶一起學，開心加倍！
8. 當然更不用說的是兒歌本身就是歌，能幫助孩子對音樂的喜好與藝術的培養。

6 學習英語，在家中最有效的輔助方法是什麼？

寶寶學習英語的重點是什麼？

還是要再三提醒一遍：「聽」與「說」！

語言黃金時期要好好把握「聽」與「說」的學習，一生只有一次語言黃金時期。

寶寶學英文，其實最棒的方式就是父母能與孩子以英語溝通，但相信絕大部分讀者的英語程度不像美國人這樣。還有沒有其他輔助方式，有許多，**但我發現有一樣東西小孩最喜歡，雖不像教材，但對於學習英語遠遠超過其他的輔助方法**，其實之前我也一再提到這個方式。不過先讓我賣個關子，先分享「林從一」教授的一篇文章，**「海綿寶寶讓我們損失幾千億」**：

這是我從臺灣師範大學教育學系王麗雲教授那裡聽來的，一個關於芬蘭英語學習的故事。我要說的是，真正好的英語教育是不教英語。我同時也聽到：找到**強烈的學習動機**，自然就會找到老師的好、課程的好、學校的好。

在芬蘭，幾乎每個人都可說流利的英語，彷彿他們有兩個母語，一個是芬蘭語，一個就是英語。

芬蘭人的英語比臺灣人的英語好太多了。王老師想，會不會是因為在他們的學校教育中，英語課或英語授課的時數多、密度高、厚度足、發音準、說的真正是英語？幾十年來，我們的正式和非正式的英語教育經費幾千億跑不掉，說不定有幾兆元，芬蘭人的英語教育經費說不定是我們的好幾倍。

王老師的芬蘭朋友覺得王老師的問題奇怪，「沒有啊，中小學很少有英語課。」友善的他們努力地想為什麼，然後說：「或許是因為我們規定電視臺播的**英文卡通不准翻譯，不准打上芬蘭語字幕。**」

芬蘭的小朋友和我們的小朋友一樣愛看卡通，所以英語變成他們的第二

母語。第二母語甚至比第一母語還不需要學校教，因為第二母語不是國語，國語才需要學校制式教育。

「海綿寶寶」讓我們花了幾千億還說破英語，SpongeBob SquarePants 讓芬蘭人花小錢就能說流利英語。

或許有人質疑芬蘭語是不是跟英語很相近，所以自然學得好。我做了一下研究，芬蘭語屬於烏拉爾語系（接近蒙古語系，芬蘭人祖先與蒙古人有關），英語屬於印歐語系，兩個語系差異極大，所以芬蘭語被西方國家認為是難學的語言。除了芬蘭人從小看英語卡通，芬蘭對英語的教育著重實用，聽與說實際演練是教學的重點，而非讀寫。

芬蘭成功的例子，不正是我們應該學習之處嗎？

芬蘭這麼自由的國家，「**竟敢**」規定卡通的發音不准翻譯，連字幕都不可以，只能佩服芬蘭這個國家的遠見，人民的智慧。我真不敢想像，如果台灣要執行這個規定，反對的聲音不知有多大！

芬蘭成功的驗證有兩個重點：

什麼能讓孩子產生「**強烈的學習動機**」呢？答案再明顯也不過了，這無法否認，我們自己小時候都超愛的，那就是：

「**卡通**」！

而且必須是「英文卡通」，發音是英語，若有字幕也是英文最好！

因為有趣，孩子才有**強烈的學習動機**，小孩在看英文卡通時，一邊在試著理解卡通的影像故事，一方面語言區會自動「猜」卡通人物在說什麼？**所以不管父母會不會英語，英文卡通是家中孩子學習英語的最好工具，而且是母語學習法。**

有很少數父母擔心讓孩子看卡通之後，會不會影響孩子看書的興趣？

仔細想一想，以人類的歷史來說，書的普及不到200年，而人類數十萬來都

是透過影像來學習，以人類的歷史來看，書反而是新的學習方式。因此希望孩子看書，不是去禁止孩子看卡通或電視，而是也培養孩子對書的興趣。我很慶幸我很享受看書，也很享受看電影，這兩種有完全不同的滋味。我想提醒爸媽的是，嬰兒一出生就是透過影像來學習，寶寶喜歡卡通是再正常不過的，影像學習效果非常好，這是人類演化的結果，不要覺得只有看書才算是學習，更不該去否定人類最喜歡的影像學習方式。

很多寶寶通常要到2.5歲之後才比較有興趣看卡通，甚至少數寶寶要到3.5歲時才喜歡。一開始可以挑比較簡單的，好理解的卡通，這是因為寶寶英語能力才剛開始，卡通簡單，寶寶才容易猜，劇情太難，寶寶看不懂卡通劇情時，就會不想看。

那要怎麼挑卡通？如何知道孩子目前的程度？

其實很簡單，就挑他喜歡的，會著迷的！

「孩子覺得喜歡的最有效！」

因為孩子著迷的英文卡通，孩子就想去「解密」他們在講什麼，而且會一看再看。一看再看很重要，因為語言的學習，就是要不斷重複，尤其是剛開始學英語的階段。所以替孩子準備的卡通不一定要很多，而應該多讓孩子重複看同樣的卡通。

之前我們已經提過卡通對語言學習的好處，但由於卡通真的是最好的輔助方式，因此以下是整理看卡通的注意事項，否則用錯方法效果就差了：

◎寶寶看卡通學習語言的注意事項：

1. 選擇孩子喜歡的卡通，最好的方式就是順著孩子的選擇，這和國外醫生回答孩子吃飯的問題一樣，他想吃什麼他自己知道，就讓他自己做主就好。

2. 卡通必須是「英語卡通」，發音是英語，不能是中文配音！若無字幕沒關係，若有字幕最好是英文，當孩子還看不懂中文時有中文字幕也沒關係，但孩子看得懂中文時，就不要有中文字幕。

3. 不要認為卡通只是好玩或娛樂而已，有少數父母對於漫畫、卡通有一些負面的感覺，其實影像學習本來就是人類演化的結果，卡通簡單，所以是最佳的語言輔助學習工具。

4. 剛開始選擇卡通時，可以選擇劇情簡單、發音清晰、講話速度較慢、對話較少的卡通，使得孩子在看英文卡通時，容易「猜」卡通人物在說什麼。

5. 在語言黃金時期看英文卡通特別有效！因為這個時期孩子是語言天才，很會用「猜」來學語言，所以從兩歲半就可以開始試試讓孩子看英文卡通。

6. **卡通在播放時，不要翻譯中文給孩子聽**，除非孩子問。爸爸媽媽若在孩子看卡通時一直翻譯解釋的話，就是翻譯學習法，孩子就只會聽你的中文。母語學習法就是讓孩子「解密」語言，他們會以想像力與推理力「猜」，這能增加孩子的智力發展。英語不錯的父母，用英語跟孩子聊聊卡通當然更好。

7. 有的孩子之前習慣看中文卡通，所以越不想看英文卡通，尤其是越大的孩子越會如此。建議父母就規定孩子不准看中文卡通一段時間，然後讓孩子選擇他覺得很有趣的卡通，一起陪孩子看，讓孩子重新以母語學習法學英語，這就像改變孩子偏食的習慣一樣。

8. 寶寶很喜歡一直重複看某一個他喜歡的卡通，這最棒了，不用干涉他，重複是語言學習重要關鍵，他看厭了，自然會換。

9. 將孩子送去學校學英語不是就夠了嗎？家裡還要看英文卡通嗎？當然還是要看！因為我們增加孩子英語母語學習的環境，不能只是靠學校，每天在家接觸30分鐘英語是很重要的。

　　當我孩子還小看卡通時，我幾乎只給孩子看英文卡通，我本來以為他看卡通時會一直叫我解釋，但他從來不要我解釋。沒想到真的出乎我意料之外，我孩子就這樣看了一堆英文卡通，他還真猜猜猜就聽懂了！我還以為我孩子是天才哩！

如今看了林從一教授的文章之後，才知道我也用了芬蘭人的方式！

◎父母的擔心常常阻礙孩子的發展：

有些父母在孩子看卡通、唸繪本時忍不住翻譯，有一個很大的原因就是「焦慮」，一般大人在聽到老外講英語時，十句話有一句話聽不懂，大人就會感到焦慮。所以想到孩子看卡通時，一定很多句子聽不懂，以為孩子會焦慮。**其實寶寶看卡通聽繪本時，十句話有九句話聽不懂也沒關係，懂得一句他們就很開心**，經過重複學習，越聽越懂這才是學習語言的自然步驟，所以不要以大人的思考去想孩子。

有些父母或老師怕孩子以母語學習法時，怕他們猜錯而想翻譯給他們聽，所以又回到錯誤的翻譯學習法，其實這都無須擔心，孩子會自行修正。這就像孩子學走路一樣，本來就是跌跌撞撞的，而不該靠「學步車」，因為跌跌撞撞的過程對於肢體發展非常有幫助。

如何挑選幼兒英語教材？

相信每一個父母都是想挑選適合的英語教材給孩子，但你確定你選對了嗎？

如果你本身英語非常好，那這一章節不是為你而寫，因為你就是孩子最好的「英語教材」。

再複習一下，**幼兒在語言黃金時期學習語言時，哪兩種能力是最需要培養的？**

「聽」與「說」的能力！

記住：

「聽」與「說」才是父母最該注意的事，而不是花大多數的時間在培養幼兒認字，甚至寫字。

接著就是再提醒你，不要選「翻譯學習法」的教材，而要選：

「母語學習法」的教材！

因為**母語學習法，不但是最自然，對「聽」與「說」幫助最大**，也才能培養以英文思考的習慣，而且還能大大提升孩子的智力。

但不到15%的父母買教材的重點是放在母語學習法！

許多認同母語學習法的父母，還是選擇翻譯學習法了！

你觀察一下是不是很多爸媽都喜歡選擇「中英對照的教材」？

也許你就是這樣，雖然認同母語學習法，但一看全英文教材就開始不安，總覺得要選擇中英對照的教材，所以作法卻仍是翻譯學習法呢？這都是因為慣性思考作祟！！

◎「母語學習法」的教材有什麼特徵？

採用母語學習法的一個特點就是**一定要透過「影像」來配合**。

因為幼兒事實上用「猜」的方式學會語言，沒有「影像」，他就沒有辦法猜！

所以，多「聽」，多「說」之外，還要配合「影像」！

因此「有趣又簡單的英文卡通」是母語學習法以及培養「聽」與「說」能力的首選！

記住，語言學習「重複」是很重要的！若孩子吵著重複看同一個卡通，太好了！

重複的前提是孩子喜歡！不要選孩子不喜歡的卡通！

不要以大人的眼光選擇，譬如大人常常覺得3D卡通很酷，但一般而言孩子比較喜歡2D卡通，幾乎受幼兒喜歡的知名卡通都是2D卡通。

「有趣又簡單的英文卡通」夠好了吧？<u>爸媽們還想更挑更好的嗎？</u>

有的！

相信大多數父母應該都聽說過「蒙特梭利教法」的幼兒園，「蒙特梭利女士」是國際知名幼教專家，她畢生研究幼兒教育的發現：

「6歲以前的小孩是藉由雙手的活動來啟發智能的成長」。

Dr. Maria Montessori　　蒙特梭利年輕的時候

日本知名教育專家七田真博士也認為，**幼兒學習英語若能以手、眼、耳、口多感官學習語言，會更加有效**，七田真博士舉出譬如手持卡片，配合影像，文字，發音就是非常有效的教材。

也就是，**對於幼兒，手部操作是可以增加學習效果。**

有沒有能加上「手部」操作的教材？譬如單字卡片就是。

還別忘了，還有「說」！

讓孩子多「說」就比較難了，當然經過「重複」學習，「有趣又簡單的英文卡通」常常可以讓孩子說一些英語，或是老師透過卡通，互動的遊戲來增加孩子「說」的機會。基本上，能大量增加孩子「說」的機會，還是需透過老師或爸媽們的引導。

所以一個培養「聽、說」能力的理想教材，要具備5個條件：

1. 孩子要「喜歡」！

2. 有「動畫影像」及「聲音」的內容！如「英文卡通」。

3. 能增加「聽」的機會！

4. 能增加「說」的機會！

5. 能讓幼兒喜歡自己以「手」操作！

若你已經知道有這樣的教材，趕快拿來試試看。因為時間不等人的！

若到了較大年齡才學「聽」與「說」，就算以後花上10倍的代價，都不如**在黃金時期學會「聽」與「說」。**

下面的表格是複習這5個條件重要的理由：

	條件	重要性
1	孩子要「喜歡」 也許你可以逼孩子接受他不喜歡的教材，然而喜歡孩子才會喜歡主動學，效果加倍，更重要的是啟發孩子的興趣。而且因為喜歡，才會重複學習，語言「重複學習」很重要！	＊＊＊＊＊
2	有「動畫影像」及「聲音」的內容！如「英文卡通」，因為「母語學習法」需要「動畫影像」的引導，孩子才能學習語言的意義。 提醒：「影像/情境」是佔學習語言的83%重要性。	＊＊＊＊
3	能增加「聽」的機會！如兒歌，多聽，也是建立「說」的重要步驟。	＊＊＊
4	能增加「說」的機會！教材是否能輔助老師或父母與孩子進行「說」的互動？鼓勵孩子說比鼓勵大人說簡單多了，孩子越小通常越不怕說。	＊＊＊
5	能讓幼兒喜歡自己以「手」操作，能幫助開發幼兒智能，孩子透過手能增加互動，孩子也感到掌控感。	＊＊＊

記得所有條件中，**孩子「喜歡」是最重要的**，孩子不喜歡，不管是什麼專家推薦，品牌有多大，多有深度，都是沒有用的。

有一次開車時，聽到一個在討論減肥的節目，一位專家說，減肥的方式至少有60種，但大家減肥的方式幾乎都是錯的，有的一時的確有效，但最後都復胖。這位專家說，**其實只有一種減肥的方式是有效的**，大家猜猜什麼方式？

那時我也在猜是什麼方式？我想一定是運動啦！

等聽眾都猜完之後，這位專家還是說：都答錯了！

專家說：

「能讓你開心的減肥方式才是有效的方式！」

「這樣你才會開心的持續減肥，才不會復胖！」

我聽了很震撼，講得太好了！其實，大多數人都還是忽略「**開心**」的重要性！

請挑選孩子喜歡的教材！

　　有一次我在網路上看到一位語言專家的分享，這位美國人會說十一國語言，包括中文、俄語等這些很難的語言，我分享他心得的重點：

　　1. **家裡學習是重點**：在學校學是不夠，因為上課時間短，內容不一定喜歡，也不是每天上課。重點是回家之後，每天應該要有一小時左右的接觸，如聽一些兒歌、看看英文卡通、鼓勵孩子講講英語，**每天都接觸很重要**。

　　2. **學語言從大量聽開始**：多聽之後，大腦就會習慣，習慣之後就容易開口說。就像小孩出生之後，一直聽大人講話，聽一年多之後才開始說，這就是人類大腦的結構。許多人都忽略這一點，**所以一開始，要大量多聽，孩子的學語言「聽」的過程，是包括「看」影像（83%重要性），然後去「猜」，大量聽、看、猜，對學習新語言非常關鍵。**

　　3. **要選擇有興趣的內容**：譬如挑選孩子喜歡看的卡通、兒歌、繪本。在家中學習時，要著重孩子喜歡什麼，就從喜歡的開始。

　　從這位語言專家的經驗可以知道，不能只靠上英語課。**在家中多建立英語的環境是很有必要的，這就為什麼對於英語並不是很流利的父母而言，在家是必須有輔助的教材。**

　　再次提醒，我不是說不要買其他兒童英語書本，這些都很好！尤其父母本身英語還不錯的話。

　　但……你應該投入80%的資源在**幼兒時期最重要的核心重點：**

　　把握孩子語言黃金時期，然後選對教材，以便：

　　讓孩子使用「母語教學法」學英語，培養「聽」與「說」的能力！

有了正確觀念，挑選正確教材就容易了？

有兩句名言說得好：

「接收新觀念不難，最難的是拋開錯誤的舊觀念」。

「好的文章要看五遍才能真正吸收觀念」。

許多爸媽還是常常挑錯教材，這是因為習慣真的很難改，常常凌駕正確的觀念。譬如有一個教材孩子很喜歡，又是母語學習法，有卡通影像引導，重點又是能增加孩子「聽」與「說」的能力，應該是很不錯的教材。可是還是很多媽媽又產生疑問，可是我沒聽過這個牌子，這樣好嗎？這教材沒有用中文解釋，孩子會懂嗎？**又開始回到原來的習慣思考！**

為什麼大家有正確的觀念，卻還是選擇錯誤的教材呢？有幾個主要原因：

1. 以為孩子學會英語的「讀、寫」，孩子的英語就比較厲害：

一般都認為懂得「讀、寫」的孩子比較厲害，所以會「急切期望」孩子學會「讀、寫」，這個想法是以我們會的中文來思考的錯覺。譬如小孩五、六歲時就認識一些中文字，大家都會覺得這個孩子好厲害，所以就**急著讓孩子學英文的「讀、寫」**，結果跳過「聽，說」能力培養，我們孩子的「聽、說」當然不行！

想想看，我們的孩子在中文「聽、說」的環境大約經過13000小時（每天10小時，以3.5年計），才進入「讀（自然認字，非強迫記憶）」的階段，所以孩子在五、六歲的時候認識中文字是可以的。

但學英語呢？英語學不到兩年（甚至半年），若孩子還沒學會寫字，許多爸媽就不可置信的質問老師，為何我家的孩子到現在還不會寫字，別人家的孩子都會了？可是爸媽想過沒有，孩子學了五年中文，不懂認字寫字都沒關係，為何英文要這麼急？

假設孩子從小班開始接觸英語，每天有1小時，算多了吧？但這樣累積下來1年才365個小時！從小班到大班3年，總共學習英語的時間大約是1000小時，學

習「聽、說」時間都遠遠不夠了，卻把時間放在「讀、寫」。因此6歲以前應全力花時間在英語「聽、說」，不應該把黃金時期寶貴的時間放在「讀、寫」（但因接觸多而自然認字是可以的）。其實我們小學學英語都應該以「聽、說」為重，如芬蘭一樣，這樣才是對的作法。

這邊要提醒父母的是，專家都建議上小學之前，因為孩子的肌肉發展，不應該讓孩子學寫字，而且幼兒常寫字更容易得近視（幼兒寫字容易得近視在後續章節會談到）。

2. 就是不相信孩子有能力以「母語學習法」學習英語：

特別是英語不好的爸媽有這個想法，所以想自己的孩子不可能採用「母語學習法」學習英語。還記得前面說過嗎？連小狗都能以母語學習法學習中文與英文，你孩子怎麼可能不行？請你要相信一件事：孩子是學習語文的天才

3. 錯用書的功能：
大家可以想一想，學會「聽與說」：需要書嗎？

人類要學會「聽與說」事實上是可以不需要書的，人類的歷史幾萬年都沒有書，大家都會運用語言。書主要是為「讀與寫」而設計的，如果不學讀與寫，事實上不要書的。

不是說書都不好，像英文「繪本」就很棒，繪本對幼兒的重點是繪圖不是文字，文字是給大人唸出故事給孩子聽的。如何使用繪本？應將繪本用來教孩子的「聽與說」，而非要刻意教幼兒去認字的，當然孩子以後熟悉聽說之後，孩子自己可透過繪本自然認字了。

4. 傳統錯誤的引導，消費習慣：

台灣的英語程度差，尤其是沒辦法使用英語，這不是沒有原因，不是我們孩子不聰明，而是市面上充斥著錯誤的觀念。即便有正確觀念，還是被傳統錯誤的習慣所影響，譬如傳統上我們就是選英語「讀、寫」教材，因此市面上特別多，

我們就會感覺「很多人買的教材」一定是對的想法，沒有中文翻譯怎麼學等等。但台灣人英語不好，其實就是很多人買的教材有問題，不是嗎？

我不是說教材是否知名，價格是否便宜等不是該考慮的因素，而是這些都是次要的，我們常常因為品牌、撿便宜、限時搶購等等而買錯東西，**往往忘了最重的一件事：要給孩子什麼教材？錯誤的教材帶來錯誤的結果，就算免費也不能要。**

別讓雜音影響你好不容易相信的正確觀念，重點是：
這教材是否採用「母語學習法」，而重點在「聽、說」能力培養？

接下來我們來做一下練習，以下3種教材，我們一起來思考看看，分析各教材的優缺點，以便更能融會貫通所學的觀念：

1. AR 卡。
2. 美國幼兒使用的英語教材。
3. 點讀筆。

1. **AR 卡**（Augmented Reality，簡稱AR，擴增實境）

簡單講就是在螢幕上出現「立體的虛擬物」，最有名的就是2016年推出的「寶可夢」。AR卡的效果請看參考照片，是透過手機或平版攝影機配合App「解讀」AR卡片，然後在螢幕顯示「看起來像立體的物體」。AR Card真的很酷，小孩怎能抗拒呢？

（引用Des11）

「AR卡」共同特色是：
名詞學習，如動物、車輛、水果等單字，因為是3D立體，非常吸引人。

配合專屬App，在顯示圖案時，可以發出聲音，有的App會另外設計英語小遊戲。

你對「AR卡」心動了沒，對於寶寶學英語，你會考慮「AR卡」嗎？
請你先想一想喔！

．

．

．

．

以下看法，供大家參考：

AR卡真的是很棒的發明，很酷，吸引孩子目光100分！

AR卡對於認識動物、車輛、水果等具體單字是很棒的教材，但因為AR製作成本高，若只學習「單字」是否划算？還是就使用有圖片的「單字卡」，或是書中的圖案即可學單字，這點可以考慮。

另外AR卡教學基本上沒句子，也無對應卡通來引導語言學習，這是因為AR配合後面景象不適合做卡通，所以AR卡適合具體單字的教學，也不適合抽象單字，譬如「Where（哪裡）」，「Dark（黑暗）」等等單字，當然也無法熟悉英語句子。事實上學語言最佳方式是從「簡單句子」學，孩子自己從句子來理解單字與文法規則，這就是母語學習法。

另外就是絕大多數的AR卡大多採用翻譯法教學，配上許多中文解釋，若要購買AR卡，不要因為酷，而忘記選教材的一個大重點，是否是「母語方式學習英語」？也就是要選擇全英語的AR卡，包括配合的App都要全英語！

2. 美國幼兒使用的英語書本教材：

我的孩子還小時，我曾經買了美國幼兒使用的英語教材，我那時的想法是這樣的，如果我的孩子能學習美國同年齡孩子的教材，那麼我的孩子的英語程度就可以與美國孩子同步，這樣不是很好嗎？

你覺得呢？

．

．

．

．

　　我當時覺得這個想法太棒了，但過不久我發現我是聰明反被聰明誤，為什麼呢？

　　因為美國人根本不用擔心孩子的聽說能力，四歲孩子英語已經是嚇嚇叫了，所以他們的課本自然不是以聽說能力培養為主，而是幾乎偏重讀寫。但我們孩子的重點是培養英語聽說能力的階段，當然不是用人家讀寫為重的課本。

　　中文繪本可以是很好的中文聽與說教材，那是因為父母都會說中文，父母是透過講繪本的故事，跟孩子討論故事，讓孩子能夠培養聽與說的能力。

　　但「英語繪本」呢？這可不一定，如果父母、老師的英語很好，那當然沒問題，可以用英語說故事，也能以英語引導孩子問問題。但父母英語程度不佳，如果單純「唸」英語繪本裡面的字句還好，但若又一直用中文解釋故事，這時又回到錯誤的翻譯學習法了！

　　所以使用什麼教材，常常跟所處環境有關，也跟老師或父母的英語程度有關，別人用得好的，不一定對你的孩子好。

3. 點讀筆

　　點讀筆是一支筆點到書上會發出聲音的產品，譬如唸出「單字」或唸出「句子」。

　　點讀筆已經風行十多年，非常成功，點讀筆讓書更活潑有趣，很多大型幼兒出版社，都發展了自己的點讀筆以及搭配的書。

（引用Leap Frog）

　　之前說過，如果父母的英語不太好，就難以用「英語繪本」來教孩子英語，

但一旦有點讀筆，就好像多了一位英語很好的幫手，父母的英語不太好似乎也沒關係了？

你對點讀筆的看法呢？

　　？

　　？

　　？

　　？

先想一個問題，以「聽說讀寫」四個階段來說，點讀筆是哪一個階段？

是「讀」這個階段，不是嗎？

以「母語學習英語」的觀點來看，學習具體的單字，如狗、桌子是很好的，因為孩子可以配合書本的圖案來學習英語單字的發音。但許多常用但抽象的單字，譬如「名字」、「哪裡」、「如何」等，點讀筆用圖也難以解釋。

學習句子的意義時，靜態圖片就更是不足，譬如當點讀筆唸出「What is your name?（你的名字是什麼？）」，書的靜態圖就**無法引導孩子理解**「What is your name?」在說什麼？因此造成孩子聽到聲音也無法猜測英語講的意思是什麼。很多點讀筆的書是一張圖卻配合4～5個句子甚至更多，導致孩子也無法理解這4～5個句子與「那一張圖」的關係是什麼？

所以在幼兒剛學英語的階段，若要選購點讀筆時，應該選擇學習「具體單字」，譬如瞭解動物、車輛、水果等單字。若要選有唸出句子的點讀筆，應該選擇「1個圖」對應「1個短句」，最多「2個短句」就好。

譬如：

「1個圖」對應「1個短句」：

孩子易於理解！

（因為是靜止圖，媽媽可以表演跳舞的樣子會更讓孩子理解。）

This girl is dacing!

This girl wears a pink
dress.
She is dancing and
she is happy.

像這個「1個圖」對應「好幾個個短句」：
初學英語的孩子使用點讀筆很難理解！

　　請記得孩子是用「猜」的學語言，孩子需要足夠的影像去猜，若孩子很難由影像猜出來，他當然就沒興趣了。這就是為什麼許多點讀筆買回家後，孩子使用不久就不想用了。

　　有的父母說，沒關係啊，我可以用中文解釋給孩子聽啊，但一旦這樣做，又回到錯誤的翻譯學習法。所以若要解釋給孩子聽，應該就用英語解釋，但父母若英語不錯，購買點讀筆的意義似乎就少多了，因為直接買英文繪本唸給孩子聽就可以了。

　　點讀筆是很不錯的產品，但要注意孩子是哪一個學習階段，父母的英語程度，使用目的來思考。同樣的，很多點讀筆教材也有採翻譯學習法，常常用中文解釋英語，你若希望孩子是採用正確的「母語學習英語」，那就不該選擇這類教材。

⑨ 注意孩子的視力

　　孩子的視力雖然不是本書的主題，但是孩子在學習階段需要注意視力是需正視的問題，可是有很多不正確觀念常常誤導許多爸媽，譬如認為不用3C產品就不會得近視，因此我將眼科醫生講的一些重點分享如下。

　　讓我們來猜猜台灣的孩子念到高三時，有少多人得到近視？

85%！

如果你孩子屬於比較用功的孩子，得到近視的比率接近100%！

　　包括梁智凱眼科醫生都說：「連我也不期待我的小朋友不會近視。」台灣孩子得到近視的高峰期是小一與國一，原因是因為小一開始學寫字，功課大增，而國一則課業壓力增大，戶外活動減少，考試比國小增加好幾倍。根據研究，越小得到近視就幾乎會得到高度近視，所以爸媽至少避免孩子太早得到近視。

◎3C就是造成近視的主因？

　　目前很多媒體常把矛頭指向3C產品，3C產品當然是造成近視的「新的」來源之一，但你若因此認為近視就是「螢幕」造成的，譬如「看書」不會造成近視，那你的孩子鐵定會得近視。

　　我們應該要知道造成近視的原因是什麼，才能避免或減輕近視，就如同知道感冒的原因是接觸到病毒，不是「冷到」所造成的，所以預防感冒就應要勤洗手，回家後應多漱口，感冒的人應該戴口罩。

◎造成近視的主因

　　造成近視是因為經常「近距離」「長時間用眼」造成睫狀肌收縮過度而造成。

　　而「近距離」所指的是30公分以內的距離，這不管是不是3C螢幕，如手

機、平版，也包括看書、畫畫、做模型」、玩玩具、寫字等。

　　我雖然知道造成近視的真正原因，但為了謹慎起見，由於Pad與書大小差不多，我問了好友張庭嘉眼科醫生，看Pad跟看書有什麼不同？

　　張醫生聽到我的問題後，露出深怕我不信的表情說：「很多人問過我這個問題，但我跟你說真的，**其實看 Pad 跟看書都是一樣**，雖然過度使用 3C 產品確實是近視形成的主要因素之一，但過度看書一樣也會造成近視。造成近視三個原因就是用眼的**「時間」**與**「距離」**有關，再來就是**「光線」**要充足。所以不要輕信網路謠言。」

　　張醫生再說：「在我們這個年紀也沒有Pad，不也是一堆近視？要防止近視最大的重點是養成良好的用眼習慣。有些父母禁止孩子使用3C，可是孩子還是得到近視，問我為什麼？因為孩子不看Pad也會看書啊，長時間看書不休息，尤其是在昏暗的環境更是加倍傷眼。」

◎「近距離」，「長時間用眼」：不是只有螢幕會造成！！

　　我記得我小時候，我爸媽常常注意我看書是不是看太久、距離有無過近、燈光是否足夠。**然而現代年輕父母，很多會常常注意孩子使用手機、電視或平版的時間，但反而不注意孩子看書、畫畫、玩玩具、彈鋼琴、寫作業的時間。**

　　甚至很多賣童書的業務會告訴你，**看書不會得近視這種荒謬的知識**，使得父母反而忽略這一部分，看到小孩看書或寫字時，父母心中滿心高興，孩子愛看多久就看多久。長時間寫字更恐怖，因為父母會覺得我的孩子很有定性，所以也不會管他，因此造成**睫狀肌一直緊繃**。但孩子在玩3C產品時，父母會三不五時要孩子停一下或休息，因此睫狀肌有時會離開緊繃狀態。

　　難怪張醫生說，大部分來找他看近視的小孩反而跟3C無關，父母還問張醫生：「我們都不讓孩子使用3C，為何還得到近視？」

只要「近距離」使用眼睛，就是要注意時間，所以除了3C之外，孩子看書、畫畫、玩玩具等等「一律」都要注意！！

人類在演化過程中，很少有長時間、近距離使用眼睛的狀況，也就是人類眼睛在長時間、近距離使用時是會造成傷害的，有的是因為遺傳基因容易得近視。

現代人容易得近視，最主要是因為閱讀文字，書寫、玩近距離遊戲等時間大量增加的關係。

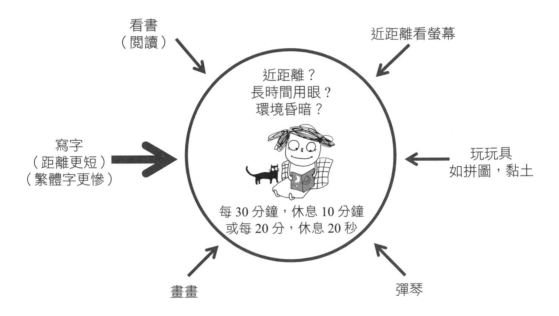

看書（閱讀）

近距離看螢幕

寫字（距離更短）（繁體字更慘）

近距離？
長時間用眼？
環境昏暗？

玩玩具
如拼圖，黏土

每 30 分鐘，休息 10 分鐘
或每 20 分，休息 20 秒

畫畫

彈琴

◎如何減少孩子得到近視的機率，或是避免太早到近視呢？

這個問題如果你去問十個家長，很可能有五個會說「不准孩子使用3C」，這就像以為「感冒是因為冷到」的錯誤想法，但卻忘記眼科醫生所說的，當眼睛近距離使用時，最重要的黃金規則就是：

「**每30分鐘，休息10分鐘**」，

或採用美國的建議「每20分鐘，休息20秒。」

所以要防止孩子得到近視，重點在於父母培養孩子從小良好的用眼習慣！

不管看書或平版、電視、手機，或是畫畫、寫字的距離，都要至少30公分以上。父母平常就要注意孩子用眼的習慣，例如如何增加使用距離、螢幕用大一點、書的字要大、光線要明亮、用眼姿勢良好（譬如不能趴著看）等。

◎「寫字」及「使用手機」是最需要注意的

手機因為螢幕小（如同很小的書），孩子手較短，所以孩子看手機時很容易不到30公分，因此建議盡量不使用手機，若要使用時間應該更縮短。現代的電視因為螢幕大，孩子幾乎與電視保持2公尺以上，陳祐瑲眼科醫生解釋：「只要看電視保持2公尺以上，根本不可能近視。」很多父母根本有很大的誤解。他還說，許多人認為他在胡說八道，但可以參考國外文獻，「全世界都知道看電視不會造成近視，只有台灣人一直不相信。」

若你觀察孩子寫字的時候，**孩子很普遍都會「彎腰」「低頭」寫字，造成眼睛與寫字本距離常常只有11～15公分甚至不到10公分**，看書的距離遠多了。而且寫字時眼睛必須聚精會神，眼睛常常比使用手機時還距離更近。而且爸媽們有時看孩子認真寫作業時，心裡覺得很欣慰，更覺得不該打擾，卻反而忽略了寫字的時間，常常超過30～40分鐘。

其實不要說孩子寫字的姿勢會彎腰低頭，我們成年人也是一樣，你可以觀察自己寫字時是不是比看書時距離短很多？

◎為何台灣近視率如此之高？

在台灣的小孩幾乎都會得近視，包括眼科醫生的孩子也如此，這真是讓人洩氣。

但說真的，近視率不高才怪！

為什麼呢？陳祐瑲醫生說：「**書寫的學習難度與一個地區的近視盛行率有非**

常大的決定性關聯，愈早開始拿筆、愈容易近視、愈鼓勵大量閱讀，近視度數愈深。」小一學童從6~7歲開始就花長時間學寫字，而且繁體中文字複雜，老師出的功課越多，孩子近距離長時間用眼頻率越高，而全世界近視率最高的三個地方是台灣、澳門、香港的原因就在此。

這也是為何小學一年級是第一個得近視的高峰期（由幼兒園7%躍升到小一的18%），所以小學這段時期要特別注意，尤其要注意寫字的姿勢與時間，有的幼兒園甚至提早教認字，甚至出一堆「寫字」功課，這都是造成高度近視的主要原因。

到了國一之後，是我們第二個得近視的高峰期，功課多，各種考試多。在台灣從小學開始，寫功課連續寫超過30分鐘，甚至60分鐘是很平常。還有就是考試，考試時更是傷眼，學生要很專注考卷，而且國中開始考試時間連續50～100分鐘在台灣也很正常，你說怎麼不近視呢？

在我那個沒有3C的年代，我也統計一下我高中同學戴眼鏡的比率：超出90%，而我大學同學近視比率更高，所以近視成因是用眼習慣的問題。

所以說，在台灣如果你的孩子是屬於「比較」用功的孩子，得到近視的比率接近100%！

「每用眼30分鐘，休息10分鐘」，在台灣常常很難做到，也可參考在美國行之有年的「**20/20護眼定律**」：看書等近距離使用20分鐘後，注視6公尺遠的地方20秒（睫狀肌完全放鬆），便可維護視力健康。

◎戶外活動，有助於減少近視

另外根據許多研究，**孩子多在戶外活動，有助於減少近視**，譬如美國孩子雖然更常使用3C產品，但近視率低了許多。孩子多在戶外，除了減少近距離用眼，國內外研究指出，兒童和青少年在眼球發育時期多曬太陽可避免近視，這是因為接觸陽光可刺激化學物質多巴胺（dopamine）生成的關係。

◎強烈建議不要給幼兒玩純遊戲的**App**！

對於遊戲的App，我個人不建議父母讓幼兒時玩純遊戲的App，尤其是「打鬥」「射擊」等速度快的App。這類遊戲的確可以訓練「眼睛與手」的反應，但這種遊戲需要**「非常專注」**的玩，眼睛要**「死命盯著螢幕不能閃神」**，對於眼睛傷害大，而且若要訓練「眼睛與手」的協調，應該是去玩實體的遊戲，譬如玩球等。

另外一旦幼兒接觸「打鬥」「射擊」等速度快的遊戲App之後，很多小孩對於實體的遊戲失去興趣，不想玩積木，不想玩沙，不想玩圍棋……，只想玩虛擬遊戲，或者對於教育App也失去興趣，他們只想享受快速滑動的快感，因此強烈建議盡量不要讓幼兒接觸遊戲App，尤其是節奏速度快的遊戲App。

最後做個總整理：

●近距離使用眼睛，**「每30分鐘，休息10分鐘」**，或是採用**「20/20護眼定律」**。

●**距離要至少30公分以上，光線要充足**：書，平版，電視，手機，畫畫，寫字，彈琴等都要注意！

●**盡量減少孩子看手機時間**，因為螢幕太小，距離常在30公分以內。

特別要注意孩子寫字，**寫字時距離縮短很多。**

●**每天戶外活動2小時**，多曬曬太陽！

●2歲之前不要接觸螢幕。（此為美國小兒科學會建議，嬰兒出生時是300度大近視，18個月才發展成熟）

PS 以上關於「視力」的知識都是引用眼科醫師或是醫學研究機構的建議，並請張庭嘉眼科醫生確認內容。想瞭解近視正確知識，可以到Google輸入「美國眼科學會揭近視真相」閱讀相關文章。

PS另一個商人為賣商品炒作的議題：「3C產品的藍光會導致黃斑部病變甚至失明！」的說法，其立論較為偏頗，有誤導的嫌疑！在可見光譜中，藍光雖然屬於較短波長的高能光線，相較於紅光或是綠光等色光有可能對視網膜造成潛在性傷害，但是一來目前科學與實驗室的證據都不足，而且平時藍光最大的來源其實是太陽光。如果未對陽光曝曬進行防護，反而斤斤計較 3C 產品的藍光，無疑是本末倒置。簡單來說長時間暴露在過強的光線之下就有可能會傷害眼睛。（引用聯合報））詳細請參考：https://health.udn.com/health/story/5970/2880951（或掃描QRcode）。

PS　LED 發出的藍光究竟會否傷眼？美國能源局（Department of Energy，DOE）再次闢謠強調LED 不會比其他傳統光源更易造成視力問題，當 LED 與傳統光源在同一色溫下，兩者的藍光含量其實相同。也就是說，LED 並沒有比傳統照明來得傷眼，加上無紅外線或紫外線等有害光源，對人體所造成的危害也相對較小。而且依照現行國際標準來看，白光 LED 並不具藍光危害（blue light hazard）的威脅。（引用科技新報））詳細請參考：http://technews.tw/2014/10/28/doe-clarify-misconceptions-about-safety-of-led-lighting/（或掃描QRcode）。

⑩ 動畫單字卡學習法

我孩子還小時，我一直想找到一個能讓孩子一直玩就學會英語的產品，後來我發現沒有中文配音、情境有趣的英語卡通最有效，但我一直想，**如何將卡通變成更有效的教材？**可以在家中或學校使用。

我孩子3歲時的照片

有一天我突然有個靈感，小孩子既然也喜歡「單字卡」，
那為什麼不將「卡片」與「卡通」結合呢？

 ＋

「單字卡」幾乎是每個孩子第一個語言教材，原因是孩子很喜歡有圖案的卡片，我記得小時候媽媽也有買給我單字卡，我不但幼兒時期喜歡卡片，小學時期也瘋狂地想蒐集各類型的卡片，每一張卡片就是一個心愛的玩具。

卡片在11-12世紀就被普遍使用，但卡片當時的用途是做為節日賀卡與祝福卡，直到1834年時，才由一位英國老師（Favell Lee Mortimer女士）將卡片設計為「單字卡」做作為教學使用，沒想到這個發明受到世界各地的媽媽及小孩的喜愛，成為一個世界級的發明。

早期的單字卡

Favell Lee Mortimer 老師

「單字卡」就這樣持續一百多年，除了圖案設計都沒有改變，直到大約在1955年左右，「單字卡」有一個突破的發明，「單字卡」會發出聲音了！譬如孩子拿著大象圖案的「卡片」，將「卡片」放在「讀卡機」上之後，「讀卡機」會發出「Elephant（大象）」，這是一樣很棒的發明，它將孩子喜愛的「卡片」升級了，變成了「會發出聲音的卡片」。

然而會發聲的「卡片」，就如點讀筆一樣，學習形象具體的名詞沒問題，譬如「動物」、「水果」等，但對於部分名詞、動詞、形容詞、副詞等就經常無法學習，譬如「Name（名字）」，「Sound（聲音）」，「Idea（點子）」，「Want（想要）」，「Eat（吃）」，「Cute（可愛）」，「Quite（安靜的）」，「Where（哪裡）」等就無法理解。然而句子裡面不只有名詞，因此會發聲的「卡片」還是無法解決這個問題。

而且對於單字的意義，硬背是不好的，**其實最好的方法，是讓孩子能由簡單的句子來理解單字**。死背字典的單字，常常背了又忘，不如多聽句子、多用、多說來自然學會單字，這不是我們從小學會中文單字的方法嗎？我們並沒有去背中文單字啊，學英文單字也是同樣的道理。

在我孩子三歲多時，我也曾經讓他使用「發音單字卡」，但他玩沒三分鐘就不玩了，後來我發覺大多數孩子對「發音單字卡」也沒興趣，因此拒絕使用。孩子們就是應該在玩樂中學習，而且對於語言來說，還必須一玩再玩才行，因為語言需要重複學習。

如同自序所說，我是動畫單字卡PadKaKa的發明人，在我孩子三歲多時，我一直在想「**如何將卡通變成更有效的教材？**」我偶然想到這個想法。故事是這樣的，由於我孩子對「發音單字卡」沒什麼興趣，但他常常吵著要看卡通（我只讓他看英語發音的卡通），就在一次孩子認真看卡通時，一個靈感突然打到我身上，小孩子既然這麼喜歡卡通，卡通對幼兒語言又這麼有效，那為什麼不將「卡通」與「卡片」結合？譬如小孩子將「Dog」的單字卡放進刷卡機之後，電視就開始播放關於Dog的卡通。當我想到此點子時，我樂壞了！

我開始思考如何完成一個雛形來驗證孩子喜不喜歡？當時「DVD播放機」很流行，我想到的方式是利用「DVD播放機」＋「電視」＋「刷卡機」的方式，卡通都儲存在DVD裡面。結果我將此雛形做出來後給許多小孩子試玩，與我預測一樣，孩子們超喜歡的，大家搶著玩，而且一玩再玩。

DVD刷卡機雛形做出來後，沒想到後來iPAD誕生了！PAD在兩年後迅速普及，「DVD播放機」也一直沒落，我那時在想應該改成「PAD」＋「刷卡機」的方式，後來發現成本很高，讓我打退堂鼓。有一天也是不知哪來的靈感，忽然想到為何不使用PAD的前鏡頭，而單字卡片上印上QR code，這樣Pad就可以知道哪一張卡片了，根本就不需要「刷卡機」了！！當我想到此，那天興奮得睡不著覺，因為少了「刷卡機」的成本，產品價格就可以下降許多，讓大多數的人都可購買。

PadKaKa初期開發的雛形

經過5年的研發，我發展出一套名為Padkaka的教材。為什麼取名PadKaKa 呢？ KaKa是取「卡通」與「卡片」的諧音。

PadKaKa =Pad + Cartoon（卡通）+ Card（卡片）

「卡片」與「卡通」結合為何能將卡通變成更有效的教材呢？

有三個主要原因：

1. 有互動，孩子有掌控感：孩子很喜歡卡片與卡通互動的感覺，再加上**PadKaKa**將互動的過程，設計成「餵狗狗骨頭」，也提高了趣味性（見下文介紹）。

2. 孩子方便重複看（學習）：**PadKaKa**單字卡通短（一分鐘），方便孩子容易重複學習，「重複學習」對於語言學習非常重要。

3. **PadKaKa**採用多感官學習，所以效果加倍。

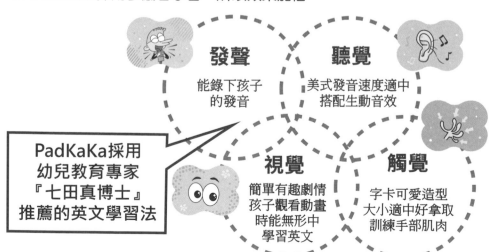

　　我在教孩子學英語時，日本七田真博士的觀念給我很大的啟發，七田真博士強調的：「結合多感官學習語文」效果最佳，他也推薦寶寶透過「卡片」及「影片」學習，只是他生前PadKaKa動畫卡還沒推進市場，我只能暗暗想「七田真博士」應該會喜歡吧！。大家有興趣的話也可以參考他的書：《如何教寶寶說英語》（世茂出版）。

　　PadKaKa 的玩法很簡單，下載App 到手機或平版（平版螢幕大，所以建議8～10吋平版），讓孩子拿著卡片（**本書後面有附四張試用卡**）與平版互動即可：

　　為了增加趣味，卡片設計成「骨頭」的形狀，App設計一隻大狗張著嘴巴（就是攝影機螢幕）

1. 將卡片對著攝影機（大狗嘴巴）
（餵狗狗骨頭）

2. Pad即播放動畫

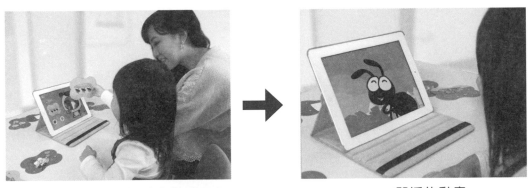

螢幕上有大狗張著嘴　　　卡片正面　　　卡片背面（讓Pad攝影機讀Qrcode）

　　媽媽可以告訴寶寶說「餵狗狗骨頭」，**1）孩子就拿著卡片對著大狗嘴巴，接著2）Pad即播放動畫。**

下面附上三個PadKaKa的Youtube示範影片（可用手機上的QRcode App讀取）：

卡片：Whale　　　卡片：Bird　　　卡片：Hide

我把PadKaKa 的教學法簡稱為Panda（熊貓）學習法，P, A, N, D, A：

Play Actively Natural CarD Animation

ＰＡＮＤＡ學習法：

讓我來解釋ＰＡＮＤＡ學習法，並複習書中一再強調的核心重點：

P代表：Play，在玩中學習。

孩子都是在玩樂中（Play）學習，讓孩子玩卡片、看卡通是「玩」的主軸，但將操作卡片的過程變為「餵狗狗骨頭」，增加樂趣，讓孩子更愛「玩」。

原本狗狗吃下骨頭之後，沒有設計發出咬骨頭的聲音，好幾位媽媽提出的建議，說：「我的孩子說，狗狗吃下骨頭，怎麼沒有發出咬骨頭的聲音呢？」，因此後來我們就添加了咬骨頭的聲音，這小小的聲音也都是為了「玩」而設計。

另外「Ｐ」也可表Parent（父母），父母陪伴真的很重要。雖然孩子可以自己獨立玩動畫卡，但陪孩子效果絕對更好，所以只要父母有空，就該抽出時間陪陪孩子。

A代表：Actively，主動學習

「卡片」是一個很好的主動學習工具，怎麼說呢？像書就是按照次序裝訂成冊，然而每一張「卡片」都是獨立的個體，隨便由孩子挑選。

在玩PadKaKa動畫卡時，一天2～5張單字卡片即可，太多反而會分心。建議爸媽拿出20幾張卡片，然後**讓孩子自己選2～5張單字卡片**，**這時孩子會很珍惜，因為是孩子自己挑，主動學習效果會加倍**，如果是父母挑，效果就會差了。

為什麼父母挑效果會差呢？

如先前所說的，學習對於孩子來說是**「我要學」**還是**「要我學」**，雖然都是三個字，但效果相差很大。「強迫學習」與「主動學習」非常不同。「強迫學習」往往只會培養出被動學習的孩子，而「主動學習」才能真正啟發孩子的大腦。

蒙特梭利女士有一句名言，就在說孩子主動的問題上：**「所謂教育，不在於成人教給了孩子什麼，而在於妨礙了什麼。」**

我再補充一下為何學習一次只要2～5張單字卡片即可？太多反而會分心。這是許多爸媽實際使用的觀察，單字卡片一次給太多，大多數孩子反而不專心，這是因為孩子反而只想「走馬看花」，雖然正在玩某一張卡片，但心裡想著其他那麼多的卡片內容是什麼？

有一篇文章很值得參考，標題是「**玩具太多扼殺幼兒創造力，研究：選擇越少，越重視品質**」以下我摘錄一些重點：

> 美國多倫多大學研究作者Carly Dauch表示：「當孩子們面前玩具的選擇越少時，反而會表現得更有創造力」，玩具過多的孩子更容易分心，且不能享受高品質的自娛時間。過去也有研究指出太多玩具對小孩是一種干擾，少量玩具反而鼓勵孩子有更多創造力，當他們身後還有無數選擇時，孩子很少學會充分理解他們面前的玩具，而是走馬看花、喜新厭舊的在各種選擇間徘徊。

另外每次只給孩子2～5張單字卡片還有一個很大的優點，這樣每張卡片才能

重複學習，重複對語言學習是很重要的。

　　有一句很有哲理的一句話：「少就是多，多就是少」，恰巧就是應用在這裡！

N代表：Natural，自然學習法，又稱母語學習法

這是孩子學習語言的黃金原則，鑽石原則！

　　使用自然學習法（母語學習法），才能在孩子腦袋瓜中建立真正的語系，也才能同時開發孩子的智力，因此PadKaKa單字卡通採取全英語發音。

　　還記得嗎？孩子在看PadKaKa單字卡通時，爸爸媽媽要不要用中文解釋給孩子聽？

　　絕對不需要！

　　除非孩子問，若能以英語解釋當然最好。

　　孩子正在以母語學習方式「解密」語言，這就是孩子天生的本領！爸爸媽媽一旦解釋給孩子聽，不但剝奪了孩子的「想像力」與「推理力」，孩子耳朵只會聽你講中文，結果又變成「最差勁的」翻譯學習法！

　　有的較大孩子，因為之前習慣看中文卡通，所以不想看英語卡通，這時建議父母不讓孩子看中文或中文配音卡通一段時間。孩子因為還是想看有趣的卡通，就會再回來看英語卡通。

D代表：Card，就是「卡片」，讓孩子用手操作，幼兒學習動手操作效果加倍

在解釋Actively主動學習時，談到「卡片」是一個很好的主動學習工具，而且在PadKaKa的設計中，卡片也是一個產生「互動」的「遊戲」工具。

　　就如之前所說，「蒙特梭利女士」畢生研究幼兒教育的發現：

　　「6歲以前的小孩是藉由雙手的活動來啟發智能的成長」。而日本知名教育

專家七田真博士也認為手持卡片，配合影像、文字、發音就是非常有效的教材。

這也是為什麼PadKaKa的設計中包括卡片。

A代表：Animation，動畫卡通

影像式學習占了83%的重要性，是語言學習的關鍵角色，不只是讓孩子在玩中學習，既然為孩子選擇對自然學習法，卡通動畫引導孩子「解密」語言是100%必要。

千萬記得，書主要的目的是為了讀寫，聽說能力則靠老師（父母），靠影像式學習。

PadKaKa有600張動畫卡（對應600則單字卡通），也有45張兒歌卡（對應45則兒歌卡通），尤其是孩子3歲之前，或剛開始學英語的階段，需要有影像的引導。

卡通除了讓孩子引發興趣外，另外一個重點是學語言最佳方式是從「簡單句子」學，孩子自己從句子來理解單字與文法規則，卡通的故是就是扮演這個角色。

PadKaKa有錄音功能，每次孩子看完卡通之後，讓孩子錄下自己的發音，不知為什麼，絕大部分孩子很喜歡聽自己錄的聲音，透過「說出來」，可以增加孩子對於學習英語的興趣與自信。

☞引發孩子對英語的興趣，不是用逼出來的，而是用培養出來的！

☞培養孩子對英語的興趣，才是英語啟蒙教育最大的重點。

　　許多家長或是學校往往急著想灌輸孩子英文，通過大量背單詞、背語法學習英文，這種不顧孩子的興趣是很不好的作法，而且很容易引起學英文的反感！

　　有些家長在挑選英語教材時很愛一個問題：「孩子一個月可以學會多少單字？」這種出發點就不對了，其實會單字根本不難，只要一直專注死背單字就可以了，但這不是學好英語的作法。讓孩子早一點學英語的優勢，不是比早一點背單字，而是透過豐富的「輸入」，孩子多聽，重複聽，透過猜的方式建立英語的語系及思維，這就是PadKaKa要有豐富有趣的動畫的原因。

　　爸媽在挑選教材時，其實**最應該問的問題是：「孩子是不是對這個教材有興趣？」**，**「如何使用這個教材，孩子會有興趣？」**。孩子若有興趣就容易主動學，不只自然學會單字，也懂句字，想去說英語，甚至成為一生的興趣。想一想，我們在教孩子中文時，有刻意要孩子背中文字詞嗎？不都是常聽常用自然就記得，不需要死背。

　　我有一位朋友的孩子很聰明，全班智商最高，但英文始終考不好，朋友很洩氣，問我該怎麼辦？如果是你，你會怎麼建議？加倍盯著孩子，送去補習？

　　我跟他說，你的孩子從小對他有興趣的事情表現都特別好，好到老師都驚訝，因為他都會自己主動學。他英文考不好不是他笨，問題在於他對英文沒興趣，所以解決的方式不是叫他加倍唸學校英文課本，**唯一的方法就是先打開他的興趣！**

　　如何打開孩子的興趣？譬如讓他唱他喜歡的英文歌，看他喜歡的英語卡通，看他喜歡的英文書，譬如他喜歡NBA Curry（美國職籃明星：柯瑞），就讓他讀Curry的自傳，看NBA的英文雜誌。

　　我們的英文教育以考試導向是錯的，英語是生活，不是學技術，是拿來用的，學語言從自己覺得有趣，容易用到的開始，考試導向學語言怎麼培養興趣？

　　幼兒時期學英語也是一樣，培養興趣才是重點，不是斤斤計較背單字，寫字

這種灌水的學習，孩子出生都是帶著翅膀的天使，請不要把他折斷了。

　　讓孩子在不知不覺接觸英文更是最佳方式，英文兒歌與英文卡通就是神奇的魔杖！

兒歌+卡通

　　另外PadKaKa App有錄音，閃卡，測驗功能，孩子看了幾次PadkaKa卡通後，孩子能立即發音，能以閃卡方式複習單字（閃卡方式：卡片以一張張方式快速顯示，右腦圖像學習的方式），而測驗方式以遊戲方式讓孩子熟悉所學的單字，這是一般卡通所沒有的。

　　簡單來說，開發PadKaKa「單字卡通」就是讓孩子在玩樂當中建立單字及句子基礎。因為是短卡通，適合專注力較短的幼兒階段，且主題明確，容易學習。又因卡通短，孩子容易「**重複一看再看**」。先使用PadKaKa「單字卡通」，將來孩子更能看懂一般的英文卡通，也更能快速吸收。

英文
卡通

PadKaKa「單字卡通」
Panda 學習法

⑪ 如何挑選幼兒英語班？

相信每一位爸媽都為挑選幼兒園傷腦筋過，尤其是當媽媽的，這輩子花最多時間挑選一樣東西，恐怕就是幫自己的寶貝挑選幼兒園，慎重的程度可能比挑老公還慎重。

當我要寫這篇文章時，我也是左右為難，因為挑選幼兒園要顧慮到許多方面，不是只有「英語」方面，所以我把題目定位為「如何挑選幼兒英語班？」

相信你應該已經很清楚了，**幼兒學習英語的兩大原則：**

1. 使用「**母語學習法**」，不是翻譯學習法。

2. 幼兒時期就應該學習「**聽與說**」的能力，剛好也是「語言」黃金時期的能力。

如果你跑去問學校：你們教英語是不是採用「母語學習法」？是不是主要是培養孩子的「聽與說」能力？10個學校有9.5個學校告訴你：「是的，我們的教學法就是這樣！」但真正這樣教的，應該不到四分之一，甚至更少。其實有些學校也未必就是存心騙你，因為這可能是他們的理想，只是做得很差，或請不到好老師。

所以比較「賊」的問法是問學校：在你們這裡上英語課，我的孩子可以認識多少英語單字？上了兩年後，能學會寫英語單字嗎？甚至可以寫簡單的句字嗎？如果學校一再強調孩子可以認得多少字，可以自己看英語書，甚至還會寫字，那麼這家學校鐵定是將重點放在「讀與寫」！不重視「聽與說」能力。

你也可以問學校，我孩子的英語程度是零，我怕孩子不懂，你們教學時會不會翻譯呢？接著聽聽學校如何回答，是請你安心，他們會用中文翻譯？還是請你不要擔心，孩子直接學英語沒有問題，不需要翻譯的？

還有什麼方式可以判斷呢？

你也可以要求看學校給學生的英語教材，不是教材都是「英語」就是對的。英語教材若是以認字、寫字為主，那就不妙了，譬如教寫ABC的筆畫、填單字空格等等。也許你會問說：「可是英語教材不是都這樣嗎？很多知名品牌也都是這樣的啊！」

就是因為都這樣，所以絕大多數台灣學生不會講英語！

我一個朋友在美商公司上班，英語溝通能力很不錯，4歲女兒也送到一家很知名的英語連鎖補習班。有一次我們聊到幼兒學英語，我問他知不知道幼兒學習英語要以「母語學習法」學習，而且重點在培養「聽與說」能力，不是「讀與寫」能力。他說當然，這是一定要的。我又問他，那你女兒的英語班是這樣教的嗎？他的回答是：「應該吧，這麼知名的補習班耶！我還花了這麼多錢，而且我跟你講，我孩子回家的功課還超多的！」

「你女兒的英語功課是什麼？」，我很好奇的問。

朋友說：「就一堆練習寫英語的作業簿啊！回家的功課不就是這樣？」

我告訴我朋友說，你不是說你完全贊同幼兒就是應該培養「聽與說」能力嗎？而不是「讀與寫」的能力，所以你挑的補習班根本不是你想要的。這時**朋友才恍然大悟，說了一句很多孩子們的心聲：**

難怪！我孩子討厭英語，她一直吵著不要去！因為一天到晚寫英文作業。

許多人迷信品牌，卻將許多正確的觀念全部拋開。還好我這朋友當下決定要換一個學校了。所以你也可以問問學校有沒有給孩子英語作業，看看那些英語作業是什麼？

幼兒就是在玩當中學習，讓他們發揮好奇心，培養想像力、推理力、主動探索的精神，而不是叫幼兒在這小小年紀去死背、寫字，這種以「考試」為思維的教法，簡直就把孩子當「童工」！爸爸媽媽們，**如果你們會因為孩子很快學會很多單字，還很熟練寫字而驕傲，那們這個驕傲只是摧毀孩子對英語的興趣。**

有的英語班標榜同步使用美國的幼兒英語教材，譬如幼兒園中班的台灣孩子就使用美國中班孩子的英語教材，這聽起來不錯吧，但如同之前討論過，美國四歲孩子的「聽與說能力」早就比絕大多數（99%）台灣大學生來得好太多了，所以美國幼兒園的英語教材不是為了培養「聽與說」而設計，他們主要是培養「讀與寫」而設計的，結果我們拿來照抄，我們的孩子「聽與說」能力沒辦法培養好。當然有少數台灣老師雖然用美國教材，但轉為「聽與說」的輔助教材，這就另當別論了。

◎哪種老師是你要為孩子找的？

你知道在台灣哪一種英語老師英語程度較高，也比較不容易請到？

1. 能直接跟孩子以英語對話，採用母語教學法，教學重心就是培養孩子的「聽與說」能力。

2. 採用翻譯學習法，教文法，教學重心就是教孩子認字、寫字。

第1種的英語老師所需要的英語能力，教學技巧都遠遠超過第2種的英語老師。

有些英語老師「Oral Reading（唸、朗讀）」能力很好，但「Speaking（說）」就不行了，他們自然不可能採用**「母語學習法」**，也無法將重心放在「聽與說」的能力。因此趕快積極教孩子認字，孩子認字之後孩子就可以唸句子，練習發音，然後叫孩子背課文，背自我介紹，但這不叫會「講話（Talking, Speaking）」。唸句子是「Oral Reading」不是「Speaking」。「Oral Reading」

跟「Speaking」兩種能力天差地遠！

「Oral Reading（唸、朗讀）」
是看著「文字」「唸」出來

「Speaking, Talking（說）」
是將自己的「想法」「講」出來

一位英語老師跟我分享一個真實故事，有一次一位老外到一家補習班拜訪，老闆請英語老師接待，結果十幾個英語老都跑光光，包括招牌名師都躲起來了，因為一講英文就漏餡了，結果是一位中文老師硬著頭皮出來接待。

大家知道為什麼很多英語班很樂於採用翻譯學習法，教文法，教學重心在認字、寫字了吧？因為師資較容易找，這是經營上很現實的問題，而且，父母還很開心：「耶，我孩子會認字會寫字了！」

其實我們可以再從另一個角度來思考，為什麼爸媽要花錢送孩子去英語補習班？

這個答案再簡單不過了！

錢不就是應該花在父母自己沒辦法教，以及正統學校（如我們的國小、國中）沒辦法教的方面嗎？所以錢當然是要花在提昇孩子的「英語聽與說」能力！

這就好像沙漠地區缺水，應當是花錢去買水啊！怎麼會花錢去買除濕機呢？

其實許多英語老師私下跟我說：「我的英語程度很好，我完全認同**母語學習法**，也應將重心放在**聽與說**的能力，但問題是學校指定的教科書就是傳統的教讀與寫，我也沒辦法，老闆就是沒辦法改變思維！」其實常常不是老闆不願改變思維，主要是因為一來好師資不容易找，二來是因為父母就以為認字寫字才是學好英文，所以為了招生也被迫討好父母，以認字寫字，或以考試成績來做宣傳。

還有另一個很常見的場景，本來很幸運的碰到老師用母語學習法教學，孩子回家後，爸媽問孩子上英語課聽得懂嗎？孩子回答說很多都聽不懂，如果你是那位爸媽，你會有什麼反應？很多爸媽就會質問園長，老師到底是怎麼教的？

所以許多優秀的英語老師也很無奈：「我的教學原本都是直接用英語教，但許多父母就會擔心孩子聽不懂怎麼辦？所以一直要求要用中文解釋，就後我就將錯就錯，我也樂得輕鬆！」

可是如果老師是美國人的話，爸媽問孩子上英語課聽得懂嗎？孩子回答說很多都聽不懂，爸媽反而很開心，也會鼓勵孩子，放心，以後會慢慢懂的！這是很奇怪的現象，用相同的正確方式教英語，許多爸媽卻質疑本地英語老師，一旦遇到老外老師，什麼都沒問題。

很悲哀，但還是要再說一次：

就是因為大人觀念錯誤，所以絕大多數台灣學生不會講英語！

台灣也有很多能以**母語學習法**教孩子的英語老師，父母絕對不要認為「幼兒英語老師」就會比「高中、大學英語老師」來得輕鬆，從0到1的英語啟蒙教育才是最難的，「幼兒英語老師」在教英語時更需要**高度的技巧**與**愛心**，個性也要**活潑**，懂得千奇百怪的方式**引導孩子愛上英文**，而且**語言學習的初始階段是「聽與說」**，我們當然要「跪求」優質的「幼兒英語老師」！

☞好的幼兒英語課，是能讓幼兒不覺得自己在學英語。

　　而且喜歡上英語，遠遠比學會多少英語更為重要！

　　如果有越來越多的爸媽能有正確的觀念，不但能幫助你的孩子，也幫了許多願意奉獻給幼教英語的好老師。幼兒英語老師在我看來是當前英語教育最重要的一環，因為興趣的培養、母語學習法，口語能力的開發、他們是關鍵的關鍵。

　　希望不久的將來：

　　因為多數的大人有正確的觀念，所以絕大多數台灣學生會講英語！

　　如果你認同，就從你開始！

　　然後告訴你三位好朋友！

　　這樣台灣的下一代講英語才會有希望！

⑫ 父母應該在家多跟孩子說英語？

有許多英語專家都很鼓勵爸媽們在家與孩子說英語，聽起來是很好的建議，但英語專家甚至建議爸媽們英語若不好，更應該跟孩子一起學英語！

可是爸媽們的英語發音不好，跟孩子說英語不是會教壞孩子嗎？

爸媽們的英語不好，送孩子去美語安親班，或雙語幼兒園不是就好了嗎？交給專業老師，家裡還要教什麼？

我大聲的告訴大家：**這些英語專家的說法真是太棒了！**

如果爸媽願意重視家庭英語學習環境，孩子學習英語效果一定加倍！

1. 學校或安親班英語老師比較好？為什麼還要「在家與孩子說英語」呢？

☞因為要：讓英語成為「生活的一部分」！

學英語若只是送孩子去學校學，孩子會認為「英語」是屬於「學校要學的」，而非**「生活的一部分」**，下完課就不再想看到或聽到英語了。語言不是才藝，學好一種語言，就是要天天接觸，讓英語成為**「生活的一部分」**，英語是要融入生活的，這樣孩子才會更有興趣。爸媽即便偶而說幾句，孩子自然會覺得「英語」是爸媽的語言之一，爸媽就算不會英語，但跟著一起學，即便學得沒孩子好，但孩子會感到英語是家中的語言。

2. 爸媽們的英語發音不好，連完整的句子都說不好，跟孩子說英語不是會教壞孩子嗎？

根本不用擔心這個問題，其實最要擔心的是大人願不願意也開口講，大人願意開口講英語，就算文法有錯，即便是混雜中文英語講，也可以讓孩子認知英語是生活的一部分。

孩子學說英語時，重點是開始使用英語，不怕犯錯，大膽使用英語，才能讓英語融入生活當中。當孩子開始學說英語時，一定是敢大膽說英語的孩子學得比

較快，敢大膽說代表不怕犯錯！

☞**如果孩子看到爸媽說不好也敢講，孩子才更敢講，不是嗎？**
　爸媽帶頭做，言教不如身教。

　　我們既然鼓勵孩子不怕犯錯要敢說英語，大人卻自己不敢講，孩子不是也不敢講？所以大人若能以身作則，教給孩子的不只是學語文不怕犯錯，更培養孩子一個「敢嘗試」的個性，一開始學習新事物的時候，譬如打籃球，跳舞，學音樂等等，都不需要擔心一開始的笨拙。
　　孩子信任爸媽遠勝過老師，爸媽是孩子最好的榜樣。

☞**英語不能等學好才開口說，開口說才能學好英語！**

　　知名英語教育專家王青博士曾說過：「在孩子眼中，語言是來跟父母交流的，他們不會意識到父母的口音和其他問題的存在。孩子的語言習得是一個創造性的過程，不是一個簡單「灌水」的過程、灌進去什麼口音就會帶出什麼口音的。父母的口音對於孩子外語的負面影響，跟他們在親子英語中能夠帶給孩子感情連結相比，千分之一、萬分之一都不及。」

　　簡單解釋王青博士的意思就是：父母根本不用擔心自己的發音不標準，父母願意跟孩子講英語的好處，遠遠大過「發音不標準」所帶來的缺點。

　　因為孩子在往後英語學習中，有太多的機會接觸到各種英語腔調，譬如在學校，或是看卡通時，就會自己會校正自己的發音，也會自己糾正自己文法的錯誤。就像唱歌一樣，父母能樂於與孩子唱歌，即便父母唱得不好，都能培養孩子對唱歌的喜愛。一旦孩子對唱歌有興趣，孩子往後自己會改善唱歌的技巧。

我記得我要去留學美國之前，我英語講都不敢講，所以到補習班學習口語能力，我遇過三種老師：

1. 老師、學生都拿著書本，要學生跟著書上練習句型，結果是在背句子，老師還是美國人耶！我是報名「英語聽說班」嗎？我懷疑我是不是走錯教室？不是背句子都沒好處，如果光背對我有用，我已經背了好幾年了，我在家背就可以了。

2. 老師上課不用課本，就直接聊天，這我喜歡。但老師80%的時間不斷的糾正同學的發音及文法錯誤，就像是「正音班」，我真的很洩氣，好像游泳時每次要抬頭起來呼吸時，就有人將你的頭按下那種感覺。

3. 老師直接找個主題聊天，上課幾乎不用課本，但只要老師聽得懂我在胡扯什麼，他幾乎不糾正，老師聽不懂時，會請我試著再講講看，我要想盡辦法讓老師聽懂，基本上老師是用引導方式讓我知道我的錯誤。

結果真正讓我漸漸**敢**開口說的哪一種老師？我想大家都知道答案。

不是其他老師就沒有他的優點，這要看當時的需求是什麼。這就好像學游泳，如果你連下水都害怕得要命，在游泳池裡嚇得發抖，手腳亂拍亂踢，這時有個教練還一直跟你說你的游泳姿勢不對，這不是很瞎嗎？這時你需要的教練，是能站在你身旁，輕扶著你，讓你有安全感，先協助你克服對水的恐懼。

英語教學博士蘇淑品教授說的好：**我們總是被灌輸「英語的文法務必完全正確」的毒素**，導致學生個個成為**「文法正確的啞巴」**！

（PS，蘇教授為《英語不好，照樣教出中英雙語一級棒的孩子》一書作者。）

3. 爸媽們英語若不好，也可以跟孩子一起學英語

坊間有出一些親子英語教材，爸媽可以買來參考，趁機學習幾句話，然後講給小孩聽，但很多爸媽一開始興致勃勃，但常常半途而廢，所以請把握以下注意

事項：

A. 先選簡單的英語教材即可，而且要適合爸媽的程度，如果爸媽買了自己都不想用的教材，一切都是空談（註：這也是我為何開發PadKaKa單字動畫卡的原因之一，因為能讓父母很容易親子一起學習，孩子也會開心。）

另外英語教材也可採用影片、卡通等，而且效果更好，不要以為只有「書」才能共學。譬如一起跟著孩子看英文卡通，或一起使用單字動畫卡。

B. 優先選擇可以應用到生活的教材，這是因為要塑造讓英語成為「生活的一部分」。譬如以學習單字而言，要選生活中容易看到的，如Apple, Table, Chair等等。而以學句字來說，譬如可以選「情境式」的教材，譬如「餐桌上」，「玩玩具」，「走在馬路」等等常發生的情境開始學。譬如在「餐桌上」的一些句子：

Do you want an apple?（你想要一顆蘋果嗎？）

Do you like soup?（你喜歡湯嗎？）

Are you full?（吃飽了？）

Please give me the spoon.（請給我湯匙）

這時候爸媽就可以說上英語，讓孩子直接體驗「英語是生活的一部分」，而不是只是唸「英語故事」給孩子聽。

C. 切記幼兒學習英語的重點在於「聽、說」，爸媽一起學英語也應該著重「聽、說」，就大膽講出來吧！爸媽共學的目的不是「讀、寫」，所以不是教孩子認字。

4. 循序漸進，累積的力量很可怕的！！

有的爸媽覺得自己年輕時都學不好英語，長大學一定更差！

但這次學習真的不一樣了！這次學習不再為了考試分數了，而且重點在於學習簡單的日常生活用語。一天學習一個單字、一個句子也好，3年就超過1000個單字，1000個句字。

我們過去學得不好，主要是學了沒用，只是應付考試。但語言是要拿來用的，這一次趁著機會跟孩子一起學習，孩子是比你還差的初學者，爸媽還怕什麼呢？

5. 唸英文故事繪本給孩子聽：

如果爸媽有基本英語程度，可以唸英文故事繪本給孩子聽，但注意幾個原則：

挑孩子有興趣的故事，挑選孩子想要聽的時間唸，不要強迫。

雖然有些故事書有附CD，但最好就是爸媽唸出來，雖然自己的發音沒有CD這麼好，但爸媽唸出來，是最溫馨的，能有效引起孩子學習英語的興趣。

唸繪本時不需要一直重複某些句子，除非孩子要求你再唸一次，也不需要孩子百分之百懂得你在說什麼，這不是考試！每講一次故事，孩子就自己就會越來越懂。

對初學的孩子來說，繪本要選「圖多句子少的」，讓孩子能以母語學習法學習，孩子能由圖當中猜出爸媽所說的英語，孩子才會有興趣。還記得嗎？不要用中文翻譯給孩子，除非孩子主動問，若可以的話用英語回答孩子的問題。

唸繪本的目的不是要教孩子認字，而是透過「聽與繪圖」理解英語的意義，孩子英語程度好的時候，他們會自動認字（潛在閱讀），若你刻意要孩子認字，這是錯誤導向，而且可能會引起反彈。

6. 學習猶太人的教學法：

猶太人人口雖僅有1600萬人，占全球人口不到0.25%，但諾貝爾獎得獎大約25%是猶太人，所以大家都對猶太人的教育方式感到好奇。其中猶太人教孩子最重要的方式之一，簡單到不行，他們就是問孩子：「**你今天學到什麼？說給我聽**

聽。」由孩子當老師，將他今天所學到的告訴爸媽，孩子不但可以複習學到的，也可以訓練表達能力及邏輯能力。

這個方式實在是一舉數得，但記得爸媽不要以「考」孩子的態度問孩子，而是要建立孩子「樂於分享」的氣氛，譬如多鼓勵，孩子分享時爸媽要很認真，開心等。

請孩子教爸媽英語當然也是個不錯的方法！！

一開始以引導方式，不要急，漸漸的孩子養成習慣，越說越多。譬如孩子說今天他只記得Good Morning（早安），這也沒關係，請他教你，然後隔天早上，你就跟孩子互說Good Morning。

既然提到猶太人，也說說猶太人學英語三個最基本的方法：

A 以母語學習法學習語言。

B 讓幼兒開心說英語，不要求認字，拼字，當然也不寫字。先將聽說能力培養好，才進入讀寫。

C 以「替換法」為主要教學方法：

譬如跟孩子說：「Do you like apples?」，

接著多重複此相同句型：「Do you like bananas?」，「Do you like ice

creams?」…

透過重複句型，讓孩子自然理解句型的意義，最後孩子能使用這個句型。

我還記得我孩子小時候學習圍棋時，我就請孩子教我如何下圍棋，這真是一個很難忘的美好經驗。我小時候雖然有接觸過圍棋，但我從來沒真正「學」過圍棋。每次孩子在幼兒園學了之後，我就問他今天學到什麼，請他教我，孩子也很開心教我所學到的東西，他是我最好的圍棋老師，我們還互相研究一些圍棋的道理，也讓我看到圍棋的美。

聽聽英語教學專家Puchta博士是怎麼說的：

我在網路看到英語教學專家Puchta博士（德國人）的演講，他有40多年的研究和實務經驗，很開心自己的想法與他一樣。他也強調父母參與很重要：

父母要在孩子面前說英語，不要擔心發音等問題，與孩子互動的情感，比什麼都重要。

要有耐心，語言學習要一段時間，爸媽要避免翻譯。

天天要有英語環境，天天說。

以圖像或身體動作引導孩子理解英語。

讓孩子解釋給你聽，鼓勵孩子教你，有時假裝不懂，孩子會很開心教你的。

聽英文兒歌，和孩子一起唱，和孩子一起看動畫片，並與孩子互動。

孩子愛玩不愛學英語，何不讓孩子「玩英語」？

最後，我要分享一個很棒的故事。

我一位朋友Michelle 老師，她真是一位備受爸媽推崇、也深受孩子喜愛的老師，爸媽把孩子送到她那裡，就是因為她能引發孩子對英語的興趣，而且採用母語學習法（只用英語），教學重點也是培養孩子的聽說能力。

她的教學非常成功，我跟她說：「妳就是孩子喜愛英文最重要的老師！」

結果她說：**「不對，爸媽才是孩子喜愛英文最重要的老師！」**

　　因為爸媽是孩子最親近的人，也是最信任的人，只要爸媽顯示出對英語的興趣，不管爸媽的英語講得多差，幼小的孩子就容易喜歡，所以Michelle 老師非常鼓勵親子要有英語互動。

　　希望Michelle 老師的話，你有聽進去！

　　父母的態度，決定了孩子的程度！

結語

　　最後我把本章的核心重點畫成一張圖，就像指引地圖一樣，讓你記住重點，這張圖適用大多數台灣的寶寶，也就是學校或家裡無法提供足夠的英語環境的狀況（每天少於1～2小時的英語環境）。

　　以下請你配合後面附圖一起閱讀。**首先要注意的是寶寶的英語要學得好，要「雙管齊下」：專業的「英語班」及「家裡」。寶寶學英語。不論是英語班或家裡，英語學習就是要採用母語學習法，並以「聽、說」為主。**

　　另外再次要強調的是，**「聽」是語言學習非常重要的步驟**，寶寶的「聽」是還要加上情境引導，寶寶透過影像的引導，以「猜」的方式學習英語，之後才能「Think in English （以英文思考）」，然後說英語。想一想，譬如你能聽得懂廣東話中某幾句話，那要說出那些話一定沒問題，因為說只是模仿聲音的過程，**所以語言的基礎在於「聽得懂」，而「聽得懂」是學語言一開始最困難，也最重要的步驟，因為需要猜，需要常聽。**

　　英語班需要有能**直接跟孩子以英語的老師，而老師的重點在於讓孩子對英語產生興趣，並鼓勵孩子開口「說」，養成自然能開口說英語。**

　　但寶寶上了英語班是不夠的，一星期若只上2小時，一年不過100小時，也非天天教，再好的老師都不容易將寶寶教到好。所以家裡的英語教育就很重要，爸媽英文差也沒關係，因為在家裡製造出「聽」的環境很簡單，譬如聽唱兒歌、看英語卡通，每天30～90分鐘，一年就增加200～500小時，而且因為是天天，效果更顯著。所以**家裡的重點在於大量增加「聽」的時間，讓英語成為生活的一部分**，當然爸媽若能偶而說一說英語，更能增加寶寶對於英語的興趣。

　　學英語就像爬山一樣，需要兩隻腳才能爬上山，缺一隻腳，成效大大打折。

這兩隻腳就是「老師」與「父母」。所以父母要選擇對的老師之外，父母在家裡至少要大量增加孩子「聽」英語的時間，這樣老師在教孩子英語時，更能專注在教孩子如何「說」，**「雙管齊下」**學習方式才能見效，累積一段時間後就能登到山頂：**寶寶建立了英文語言體系及思維，也增加想像力，推理力。**

建立寶寶「英文語言體系」
也增加「想像力，推理力」

> Hello!

> Hi!

英語口語表達，培養興趣　　　　　　英語成為生活的一部份，培養興趣

學校做什麼？　聽、說　　　　　　　家裡做什麼？　聽、说

●唱兒歌／口謠
●以互動方式鼓勵孩子説英語
●直接英語溝通，以「身體語言」，
　「影像」引導孩子理解學習英語

●每天至少 20-30 分的接觸
●看英語卡通（英語發音），唱兒歌
●跟孩子説點英語（父母英語不好沒
　關係）或請孩子教你英語

英語班

老師要求：
能直接跟孩子以英
語對話，活潑，能
互動。

家裡

父母要求：
英語不好沒關係，
重點是有正確的觀
念，以及願意參與
的態度。

「聽」的過程以「影像」（如卡通、圖片、兒歌）引導
並以「猜」的方式學習英語

母語學習法，並以「聽，說」為主

重點整理

- 英語也有牙牙學語的階段，學習語言犯錯是必然的！
- 幼兒是在玩當中學習，父母要多鼓勵，讚美，陪伴孩子。
- 盡量提供給孩子英語的環境，然後放輕鬆順其自然。
- 提供給孩子英語的環境，天天接觸英語，是指「聽」與「說」能力的加強！
- 寶寶開始學英語，兒歌是很棒的開始，兒歌是啟發孩子發展語言的重要鑰匙。
- 學習英語，在家中最有效的輔助方法是給孩子看英文卡通（沒有中文配音）。
- 為什麼芬蘭的孩子英語這麼好，因為他們從小看英文卡通。
- 要選「母語學習法」的教材，不要選「翻譯學習法」的教材。
- 「母語學習法」的一個特點就是一定要透過「影像」來配合。
- 有趣的英文卡通（沒有中文配音）是最佳「母語學習法」的教材。
- 學語言，大人應該跟孩子學才對！父母不用擔心孩子無法以「母語學習法」學習英語。
- 理想中培養幼兒英語的教材，有5個重要條件：孩子要喜歡，

重點整理

有「動畫影像」，能增加「聽」與「說」的機會，能讓幼兒喜歡自己以「手」操作。

- 最大的迷失之一：以為學會英文的「讀、寫」才是厲害，卻忽略「聽、說」的能力！

- 最大的迷失之一：傳統教學以書為主角，事實上要學會「聽與說」，書不是主角！

- 引發孩子對英語的興趣，不是用逼出來的，而是用培養出來的！

- 天才般的學習，是因為主動學習！

- 「卡通」是培養孩子對英語產生興趣的最重要的來源。

- 培養孩子對英語的興趣，才是英語啟蒙教育最大的重點。

- 透過「卡片＋卡通」，孩子可以自己挑，主動學習效果會加倍。

- 「結合多感官學習語文」效果最佳。

- 適用幼兒的PANDA 學習法 = Play（玩），Actively（主動學習），Natural（母語學習法），Card（卡片），Animation（動畫卡通）。

- 如果父母會因為孩子很快學會很多單字，還很熟練寫字而驕傲，那們這個驕傲只是摧毀孩子對英語的興趣。

重點整理

- 為孩子找這種英語老師：能直接跟孩子以英語對話，教學重心就是培養孩子的「聽與說」能力。

- 好的幼兒英語老師需要高度的技巧，愛心，個性也要活潑，懂得千奇百怪的方式引導孩子愛上英文，更要能直接跟孩子以英語對話。

- 我們總是被灌輸「英語的文法務必完全正確」的毒素，導致學生個個成為「文法正確的啞巴」！

- 好的幼兒英語課，是能讓幼兒不覺得自己在學英語。

- 家中也要製造英語的環境，讓英語成為「生活的一部分」。

- 孩子信任爸媽遠勝過老師，爸媽是孩子最好的榜樣。

- 爸媽才是孩子喜愛英文最重要的老師！

- 爸媽們的英語不好，跟孩子說英語絕對沒關係。

- 英語不能等學好才開口說，開口說才能學好英語！

- 寶寶的英語要學得好，要採取「雙管齊下」：專業的「英語班」及「家裡」。

附錄A：

看完此書之後，如果您想為您寶寶找到認同本書理念的幼教英語老師，以下網址有一些推薦老師：https://medium.com/padkaka-凡凡爸

未來若有與本書相關議題的文章，我也會放在：https://medium.com/padkaka-凡凡爸

附錄B：

歡迎理念相同的英語老師申請列入上述之網址，老師或機構可Email 到service@padkaka.com 提出申請，這網頁完全是公益性質，但請你務必誠實。

老師或機構必須合乎以下的自我檢查條件，才得以申請，但作者有保留權利是否刊登。

自我檢查條件：

確實看過本書，且同意本書之核心理念，而且以下四個條件是合乎老師您的教學原則：

●有充分能力直接與學生以英語對談。

●以母語學習法教英語，非必要時不使用翻譯（若有中文翻譯，不到5%課堂時間）。

●至少85%的時間培養學生「聽、說」口語能力，若有牽涉「讀、寫」只是附帶學習。

●以培養孩子興趣為導向的教學，不標榜考試成績為導向。

若合乎以上自我檢查，請留下以下資料（*為必填）：

*老師姓名（中文或英文，真名或暱稱（如「Apple老師」））

*機構／班級名稱：（如「××幼兒園」，「×××家教班」，「到府家教」）

*主要學生年紀：（如「2～6歲」，「5～12歲」）

＊聯絡Email：

＊上課住址：

＊聯絡電話：

部落格／官網網址：

FB網址：

Line ID：

或是透過網路問卷提交，請進入網址：https://reurl.cc/4mgyY 或
https://goo.gl/forms/mNeA23PMD1fHkbRN2

或掃描QRcode：

附錄C：

本書後面有附四張PadKaKa試用卡（實際卡片大約厚兩倍），
只要四步驟，孩子即可立即玩玩看。

1. 剪下四張試用卡

先將所附的四張PadKaKa試用卡剪下來，最好按圖剪成骨頭的形狀，因為之
後「餵卡」時比較有趣味。

2. 下載免費PadKaKa App（不適用於大陸）

iPad：

至App Store 搜尋『PadKaKa』然後下載

iPhone：

至App Store 搜尋『PadKaKa Lite』然後下載

Android Pad 或 Android Phone：

　　至Google Play 搜尋『PadKaKa』然後下載

*使用體驗包不需註冊及啟動，可直接體驗！

*App安裝過程中，若有詢問你『是否允許『打開鏡頭？』，請點選『同意』！

PS 若你是在大陸使用，下載App請依照下面指示：

iPad：

　　至App Store 搜尋『PadKaKa CN』然後下載

iPhone：

　　至App Store 搜尋『PadKaKa CN Lite』然後下載

Android Pad 或 Android Phone：

　　請掃描：

3. 點選Kid按鈕至兒童模式

4. 餵狗狗骨頭（卡片餵大狗），即可看卡通

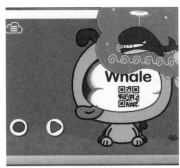

（QRcode面對鏡頭（大狗的嘴巴））

美國 Brain Child Award　　美國 Creative Child Award　　美國 Mom Choice Award

法國發明獎　　美國Parent & Teacher Choice Award　　美國Parent & Teacher Choice Award　　資訊月百大 -創新獎-

PadKaKa 得獎

國家圖書館出版品預行編目資料

寶寶學英語的秘訣，跟你想的不一樣
　一用對方法，啟發天賦！/ 廖和信作
-- 初版. -- 新北市：世茂, 2019.4
　　面；　公分 . -- (婦幼館；166)
　　ISBN 978-957-8799-55-4(平裝)

418.9312　　　　　　　　107016032

婦幼館166

寶寶學英語的秘訣，跟你想的不一樣
——用對方法，啟發天賦！

作　　　者／廖和信
出版總監／簡玉珊
主　　　編／陳文君
封面設計／鄧宜琨
出 版 者／世茂出版有限公司
地　　　址／(231)新北市新店區民生路19號5樓
電　　　話／(02)2218-3277
傳　　　真／(02)2218-3239（訂書專線）、(02)2218-7539
劃撥帳號／19911841
戶　　　名／世茂出版有限公司
世茂網站／www.coolbooks.com.tw
排版製版／辰皓國際出版製作有限公司
印　　　刷／祥新印刷股份有限公司
初版一刷／2019年4月

ＩＳＢＮ／978-957-8799-55-4
定　　　價／320元

Printed in Taiwan